PRÓLOGO DEL DR. JOSEPH L. GARLINGTON

CUANDO LOS CORDEROS SE *CONVIERTEN* EN LEONES

DESCUBRE CÓMO EL SILENCIOSO CORDERO SE CONVIERTE EN EL ÚLTIMO SÍMBOLO DE PODER

DR. MIKEL BROWN

EL PASO, TEXAS

AUTÓGRAFO

Cuando los Corderos se Convierten en Leones:
Descubre Cómo el Silencioso Cordero se Convierte en el Último Símbolo de Poder

1208 Sumac Dr.
El Paso, TX 79925

Copyright © 2025 por Mikel Brown. Todos los derechos reservados. Impreso en los Estados Unidos de América.

ISBN: 978-1-930388-33-8
Asistencia editorial para CJC Publishing Co.
Diseño de la portada por Charles J. Bennett III para CJC Publishing Co.

Todas las citas bíblicas se toman de la versión King James (KJV), la Nueva Versión King James (NKJV), la Nueva Versión Internacional (NIV) y la Traducción Nueva Viviente (NLT) de la Biblia.

Ninguna parte de esta publicación puede ser reproducida, almacenada en un sistema de recuperación o transmitida de ninguna forma o por ningún medio, sea electrónico, mecánico, fotocopia, grabación, escaneo u otro, excepto según lo permitido bajo las Secciones 107 o 108 de la Ley de Derechos de Autor de los Estados Unidos de 1976, sin el permiso previo por escrito del editor. Las solicitudes de permiso deben dirigirse al Departamento de Permisos de CJC Publishing, 1208 Sumac Drive, El Paso, TX 79925, 915-595-137, fax 915-595-1493, o correo electrónico permcoordinator@cjcpublishing.com. Límite de responsabilidad/Descargo de garantía: Aunque el editor y el autor han puesto su mayor esfuerzo en la preparación de este libro, no hacen ninguna representación ni otorgan garantías con respecto a la precisión o integridad del contenido del mismo, y específicamente rechazan cualquier garantía implícita. Los consejos y estrategias contenidos en este libro pueden no ser adecuados para todas las situaciones. Ni el editor ni el autor serán responsables por cualquier resultado relacionado con las finanzas o negocios de los lectores, incluidos, pero no limitados a, daños especiales, incidentales, consecuentes u otros.

Tabla de Contenido

Dedicación   *vi*
Prólogo   *vii*
Prefacio   *xi*

CAPÍTULO 1: El factor wow en el equilibrio de características   15

CAPÍTULO 2: Cuando los corderos se transforman en leones   25

CAPÍTULO 3: Valentía humilde, pero fuerza majestuosa   33

CAPÍTULO 4: Cómo el león ejecuta movimientos audaces de liderazgo   41

CAPÍTULO 5: El dominio del cordero a través de la autoridad gentil   51

CAPÍTULO 6: Levántate como un rey león   59

CAPÍTULO 7: El instinto del león para aplastar a sus enemigos   71

CAPÍTULO 8: La hibridación del león y el cordero   81

CAPÍTULO 9: Encarnando la maestría dual en el liderazgo y la vida   91

CAPÍTULO 10: Un estudio sobre la autoridad silenciosa y el poder apacible   101

CAPÍTULO 11: Lecciones para la vida, los negocios y más allá   109

CAPÍTULO 12: Mi transformación personal de cordero a león   127

Principios de platino   *137*
Sobre el autor   *139*

DEDICACIÓN

Dedico este libro a mi increíble y maravillosa esposa y mejor amiga, a mis hijos, nietos y bisnietos, y a toda la familia de Joy Nation y ECCM, quienes permanecen conmigo como leones para el Reino de Dios.

PRÓLOGO

Los antiguos griegos usaban la palabra *praus* para describir a un caballo poderoso que entrenaban rigurosamente para estar listo para la batalla, cuando podía demostrar la capacidad de esperar la orden bajo presión. Sin embargo, en el Nuevo Testamento, esa palabra describe el carácter de nuestro Señor durante Su ministerio terrenal. Cuando alguien usa manso para explicar una personalidad débil, está demostrando un malentendido común al usar esta palabra y confundiéndola con alguien simplemente tímido. Cuando se consideran los dos relatos en los que el Señor volcó las mesas de los mercaderes que estaban abusando del Templo, es difícil concluir que esta Persona era débil. La Persona que volcó las mesas en el Templo no era débil, ni tampoco lo era la Persona que colgó en la cruz mientras contenía Su poder innato para detener todo el proceso. Él era el Cordero.

Mi querido amigo, el Dr. Mikel Brown, emplea sus diversas habilidades y conocimientos como un profundo expositor de las Escrituras, su experiencia como oficial militar y su éxito constante como empresario, mentor de muchos otros con estas ideas para alcanzar el éxito en los negocios y en la vida. El Dr. Mikel Brown es el pastor fundador de Christian Joy Center, una próspera iglesia intercultural en el corazón de El Paso, Texas, y el líder de una creciente red de iglesias en varias partes del país. Es mentor de muchos jóvenes entusiastas que, bajo su cuidado atento y su perspicacia empresarial, se han convertido en empresarios exitosos, muchos de ellos en su adolescencia tardía y principios de los veinte años.

Cuando los Corderos se Convierten en Leones: Descubre Cómo el Silencioso Cordero se Convierte en el Último Símbolo de Poder, es un manual para lograr metas genuinas en la vida y los negocios. Él emplea hábilmente principios claramente articulados en la vida y en el reino animal para guiar a sus lectores hacia una profunda comprensión que ha descubierto en su fascinante estudio de los leones. El León y el Cordero son arquetipos eternos que vemos en la Biblia y en el mundo que nos rodea. Sugiero que esta es la descripción perfecta del empresario más exitoso que ha sido tanto León como Cordero en la historia: el Señor Jesús aprovechó los principios articulados en este libro y produjo la empresa más increíble que el mundo haya visto: Su Iglesia. Los conocimientos del Dr. Brown te inspirarán, motivarán y animarán a liberar tu león innato.

Obispo Joseph L. Garlington
Pastor Fundador y presidente de Hosanna House, Inc. y Obispo de Reconciliación Internacional Una Red de Iglesias y Ministerios

PREFACIO

Este libro, *"Cuando los Corderos se Convierten en Leones"*, fue escrito desde lo más profundo de mi corazón para cada persona que busca ascender desde el sótano de las luchas de la vida, tanto en lo personal como en los negocios. Mi amor por ver a las personas convertirse en vencedores es inconmensurable, y mi deseo de verlas despertar del letargo espiritual y mental es inmenso.

Estamos llamados a ser leones feroces en un mundo consumido por hombres y mujeres malvados que buscan dominar las mentes y los mercados. Sin embargo, debemos estar preparados para destacar como un faro de luz divina en un mundo oscuro.

Mi deseo también es ayudar a las iglesias y pastores que hacen un trabajo increíble al ayudar y alimentar a las personas. Por eso, mi objetivo es que la iglesia no pierda su resiliencia ni su fortaleza bajo el liderazgo de creyentes comprometidos y llenos del Espíritu. La iglesia tiene el don de la humildad, pero está ungida para ser un león en los negocios. Debemos contender por la fe que una vez fue entregada a los santos.

Los creyentes deben buscar a Dios para ser efectivos en los negocios, el comercio y la economía, porque el verdadero éxito está arraigado en los principios de Dios. Jesús ejemplificó sabiduría, integridad y liderazgo, cualidades que deberían guiar cada una de nuestras decisiones. El mundo a menudo roba los principios de negocios de Dios, utilizando conceptos como la mayordomía, la diligencia y la visión, pero dejando a Dios fuera de la ecuación.

Como creyentes, estamos llamados a integrar Su verdad en cada área de la vida, no solo dentro de la iglesia. Debemos involucrarnos activamente en las finanzas y la

CUANDO LOS CORDEROS SE CONVIERTEN EN LEONES

banca, la política, el entretenimiento, la medicina, la educación y mucho más, llevando la sabiduría y la influencia de Dios a cada sector, transformando la cultura con los principios de Su Reino.

CAPÍTULO 1

EL FACTOR WOW EN EL EQUILIBRIO DE CARACTERÍSTICAS

"Aprende a imponer respeto como un león, ofrecer consuelo como un cordero, pero domina ambos para alcanzar el éxito."
— *Dr. Mikel Brown*

EL FACTOR WOW EN EL EQUILIBRIO DE CARACTERÍSTICAS

En el vasto panorama de los negocios y la vida, dos poderosos símbolos destacan: el león y el cordero. El león, con su imponente rugido, simboliza valentía, liderazgo y la búsqueda incansable de la grandeza. Por el contrario, el cordero encarna la gentileza, la humildad y la sabiduría para afrontar los desafíos de la vida con gracia. Juntas, estas características crean un marco profundo para cualquier persona que aspire a construir un negocio exitoso y llevar una vida plena sin quedar atrapado en etiquetas.

Mientras te encuentras al borde de tus sueños, imagina que posees el espíritu del león, audaz y sin miedo, pero también guiado por la serena sabiduría del cordero. Este capítulo te invita a abrazar ambos aspectos, aprovechando sus fortalezas para construir una empresa próspera que pueda alcanzar el éxito multimillonario.

Sin embargo, el éxito en los negocios y la vida trasciende los logros financieros. Se trata de cultivar una mentalidad resiliente, desarrollar principios de carácter y fomentar conexiones significativas que te ayuden a navegar por las inevitables tormentas de la vida. Al encarnar los rasgos del león y del cordero, puedes reducir el estrés y la frustración mientras forjas un camino hacia el éxito.

Algunas personas desean ser exitosas, pero no se dan cuenta de que el éxito es un subproducto del verdadero esfuerzo. El éxito no es la semilla, sino la cosecha: el resultado inevitable de la fe sembrada en el alma y nutrida con perseverancia. La verdadera fe en Dios, combinada con el poder de la creatividad y la determinación, se mantiene firme, sin buscar atajos ni escapes. No llama bendición a las muletas externas, porque la verdadera fortaleza interna no necesita más apoyo que la provisión del Señor. Cada persona tiene la capacidad innata de elevarse, pero la fiereza para hacerlo debe provenir del león interior.

DEBES ABRAZAR EL CORAJE Y LA DETERMINACIÓN DEL LEÓN

EL FACTOR WOW EN EL EQUILIBRIO DE CARACTERÍSTICAS

Comencemos explorando al león. Conocido por su valentía y liderazgo, el león ejemplifica el coraje para tomar decisiones audaces, la tenacidad para superar obstáculos y la capacidad de inspirar a otros. Un ejemplo impactante de este coraje se puede ver en la vida de Jesús. A lo largo de Su ministerio, enfrentó oposición y adversidad, pero nunca se apartó de Su misión. Con valentía confrontó la injusticia y desafió el statu quo, encarnando la esencia de un león.

Considera la historia de una joven emprendedora que enfrentó numerosos rechazos al presentar su innovadora idea tecnológica para echar en marcha su negocio. Cada "no" se sentía como una barrera en su camino. Sin embargo, como Jesús, invocó a su león interior, aprendiendo de cada obstáculo, refinando su enfoque y descubriendo nuevas formas de conectarse con posibles inversionistas. Su determinación finalmente la llevó a asegurar el financiamiento que impulsó su negocio a nuevas alturas.

En tu viaje, recuerda que el verdadero coraje no significa estar libre de miedo, sino usar ese miedo como combustible para tu ambición. En los momentos de desafío, pregúntate: "¿Qué haría un león?" Esta simple pregunta puede cambiar tu mentalidad y motivarte a actuar con valentía.

CUANDO LOS CORDEROS SE CONVIERTEN EN LEONES

LA SABIDURÍA, PACIENCIA Y COMPASIÓN DEL CORDERO

Ahora centrémonos en el cordero y su enfoque sutil ante la vida. El cordero nos enseña el valor de la paciencia y la compasión. En un mundo acelerado que a menudo celebra el esfuerzo incesante, es fácil pasar por alto la importancia de detenerse y nutrir las relaciones. Jesús ejemplificó este principio en Su ministerio, tomándose el tiempo para conectarse con las personas, escuchar sus luchas y brindar apoyo. Su compasión por los marginados y oprimidos resonó profundamente, creando un grupo fiel de seguidores que admiraban Su bondad.

Considera el caso de un empresario que, en su afán por hacer crecer su negocio, descuidó la importancia de establecer conexiones con sus empleados. ¿El resultado? Una alta rotación de personal y un ambiente tóxico. Después de reflexionar, adoptó la sabiduría del cordero, invirtiendo tiempo en su equipo, escuchando sus inquietudes y fomentando una cultura de apoyo. Este cambio no solo mejoró la moral, sino que también aumentó la productividad y la lealtad.

Mientras persigues tus metas, recuerda que

EL FACTOR WOW EN EL EQUILIBRIO DE CARACTERÍSTICAS

construir un negocio multimillonario no se trata solo de ganancias; se trata de personas. Cultiva la paciencia en tus interacciones y la compasión en tu liderazgo. Reconoce que cada relación tiene el potencial de elevar tu negocio.

EQUILIBRANDO AMBOS: UN ENFOQUE ARMONIOSO

El verdadero poder está en armonizar la feroz determinación del león con la gentil sabiduría del cordero. Imagina a un líder que entra con confianza a una reunión, listo para tomar decisiones audaces, pero que también valora las diversas perspectivas de su equipo. Este líder encarna la dualidad del rugido y la calma, creando un ambiente donde la innovación florece.

Jesús dominó el equilibrio entre estos rasgos a lo largo de Su ministerio. Demostró autoridad y convicción al enseñar verdades profundas, pero también mostró un cuidado tierno por los necesitados. Una poderosa estrategia para lograr este equilibrio es la práctica de la escucha reflexiva. Cuando interactúes con otros, tómate el tiempo para comprender genuinamente sus puntos de vista. Esto fomenta la confianza y abre puertas a soluciones creativas que de otro modo podrían pasar desapercibidas.

CUANDO LOS CORDEROS SE CONVIERTEN EN LEONES

PRINCIPIOS DE CARÁCTER: TU BRÚJULA

Mientras navegas en este viaje de combinar el coraje del león con la sabiduría del cordero, deja que los principios de carácter sean tu brújula. La integridad, la autenticidad y la resiliencia son pilares vitales que te guiarán a través de las complejidades de la vida y los negocios.

Por ejemplo, la integridad significa mantenerse fiel a tus valores, incluso en situaciones desafiantes. La autenticidad te permite conectarte con los demás de manera significativa, fomentando confianza y lealtad. La resiliencia te capacita para recuperarte de los fracasos, transformando la adversidad en oportunidad.

Considera el caso de un líder empresarial que enfrentó una crisis cuando un retiro de productos amenazó con dañar su reputación. En lugar de evadir el problema, se mantuvo firme en su integridad, comunicándose con transparencia con los clientes y tomando medidas rápidas para resolver la situación. Su compromiso con la autenticidad no solo salvó la reputación de la empresa, sino que también fortaleció el vínculo con su base de clientes.

REDUCCIÓN DEL ESTRÉS Y LA FRUSTRACIÓN

EL FACTOR WOW EN EL EQUILIBRIO DE CARACTERÍSTICAS

El camino hacia el éxito suele estar plagado de estrés y frustración. Sin embargo, integrar los principios del león y del cordero en tu vida puede ayudarte a superar estos desafíos con mayor facilidad.

Comienza practicando la atención plena, una técnica que fomenta el anclaje en el momento presente. Esto puede incluir respiración profunda, meditación o actividades que te brinden alegría. La atención plena nutre la resiliencia, permitiéndote responder al estrés con claridad en lugar de con reactividad.

Además, cultiva una red de apoyo. Rodéate de personas que encarnen las características del león y del cordero. Estas relaciones te brindarán aliento, orientación y perspectiva en tu camino emprendedor.

Mientras cerramos este capítulo, te animo a reflexionar sobre las cualidades del león y del cordero dentro de ti. ¿Estás listo para abrazar el coraje mientras encarnas la compasión? ¿Estás preparado para liderar con integridad e inspirar a quienes te rodean?

El camino para construir un negocio exitoso y llevar una vida plena no es sencillo. Es un viaje lleno de giros inesperados y lecciones invaluables. Al aprovechar la fuerza tanto del león como del cordero, no solo mitigarás el estrés y

CUANDO LOS CORDEROS SE CONVIERTEN EN LEONES

la frustración, sino que también fomentarás una vida plena marcada por los logros y las conexiones significativas.

Así que, deja que comience tu viaje. Deja que el rugido de tu ambición resuene en los valles del desafío, y que la apacible fortaleza de tu carácter te guie hacia las cimas del éxito. El mundo espera tu contribución única. Abrázala con el corazón de un león y la sabiduría de un cordero, tal como lo hizo Jesús en Su ministerio. Tu negocio multimillonario es solo el comienzo.

CAPÍTULO 2

CUANDO LOS CORDEROS SE TRANSFORMAN EN LEONES

"La gracia del Cordero se transforma en el coraje imparable del León. — Dr. Mikel Brown

CUANDO LOS CORDEROS SE TRANSFORMAN EN LEONES

El Cordero, que encarna la humildad y la gracia, se transforma en el León cuando enfrenta oposición. Su fuerza silenciosa se enciende, revelando un coraje feroz, una autoridad audaz y un poder imparable, defendiendo la justicia con una grandeza inigualable.

Todo creyente nacido de nuevo debe reflejar la naturaleza transformadora del Cordero y el León. Con una devoción inquebrantable a Dios, encarnamos la humildad, la gracia y la mansedumbre del Cordero. Sin embargo, cuando enfrentamos batallas espirituales, debemos levantarnos con la audacia, el coraje y la autoridad del León.

Esta naturaleza dual nos capacita para vencer al diablo y superar la oposición. A través de una fe firme, defendemos la justicia con valentía, permaneciendo fuertes en el poder de Dios mientras nos mantenemos arraigados en el amor y la humildad. De este modo, nos convertimos en guerreros espirituales, comprometidos con la expansión del reino de Dios con una determinación inquebrantable.

LA FUERZA DEL CREYENTE: HUMILDAD Y PODER

El creyente, empoderado por el Espíritu de Dios, camina como una fuerza revestida de mansedumbre, pero inquebrantable en propósito, destino y justicia. Este equilibrio divino refleja la naturaleza misma de Cristo: el Cordero que fue sacrificado, pero el León que reina. Aunque revestido de humildad, la verdadera fortaleza del creyente radica en un compromiso total con el cumplimiento de la voluntad de Dios. Son llamados a abrazar a los más débiles de su comunidad, extendiendo amor, gracia y protección a todos, especialmente a los niños, los vulnerables y aquellos que han sido confiados a su cuidado.

En la defensa de los niños, la riqueza y la santidad del matrimonio, el creyente es tanto tierno como ferozmente protector. Los niños representan el futuro del reino de Dios, el matrimonio el pacto sagrado y la riqueza los recursos confiados para la expansión del reino. Permitir cualquier daño o distorsión en estas áreas es comprometer los valores del reino de Dios. Como un león que protege a su manada, el creyente se erige como un guardián inquebrantable, listo para enfrentar cualquier fuerza que amenace estos aspectos vitales de la vida.

Ninguna debilidad debe mostrarse en esta batalla espiritual, ni siquiera el más mínimo indicio de retirada. Con la autoridad y la audacia de un león, el creyente se mantiene firme, imponiendo la palabra de Dios con valentía y precisión. Su fortaleza radica en su devoción a la justicia, asegurando que la Palabra de Dios prevalezca en toda circunstancia. Ante los desafíos, se levantan con audacia, sin miedo y sin vergüenza, reflejando la majestad de Cristo como Cordero y como León.

LA FORTALEZA EN LA MANSEDUMBRE

Como creyentes, estamos llamados a vivir una vida de fortaleza paradójica: lo que el mundo percibe como debilidad es, en realidad, un poder divino envuelto en humildad. Mateo 5:5 nos dice: "Bienaventurados los mansos, porque ellos heredarán la tierra." La mansedumbre

CUANDO LOS CORDEROS SE CONVIERTEN EN LEONES

no es debilidad; es fortaleza bajo control. Como un león que fácilmente podría destruir, pero elige proteger. Esa es la naturaleza de Cristo en nosotros: el León y el Cordero. Debemos ser inquebrantables en nuestro propósito, destino y justicia, abrazando plenamente lo que Dios nos ha llamado a ser.

El apóstol Pablo dijo en 2 Corintios 12:9: "Bástate mi gracia, porque mi poder se perfecciona en la debilidad." Esto no es un llamado a retroceder, sino a levantarse con el entendimiento de que el poder de Dios fluye a través de aquellos dispuestos a ser vasos de gracia y fortaleza. Así como Cristo defendió con fiereza a los niños y a los vulnerables (Mateo 19:14), también nosotros debemos proteger a nuestras familias, matrimonios y recursos. No son simples posesiones o relaciones; son responsabilidades dadas por Dios que estamos llamados a defender con el corazón de un león.

A menudo hablo sobre la necesidad de asumir la responsabilidad, enfrentar el sufrimiento de frente y llevar cargas con propósito. Como creyentes, entendemos esto de manera aún más profunda. Nuestro propósito es eterno, y llevamos la responsabilidad de representar el reino de Dios en la tierra. Para hacerlo de manera efectiva, debemos combinar sabiduría, valentía y compasión. Jordán Peterson, psicólogo clínico escritor e intelectual canadiense, señala acertadamente que el significado se encuentra en la responsabilidad, pero la Escritura eleva esta verdad: nuestro significado se encuentra en asumir la responsabilidad de avanzar el reino de Dios y defender Su verdad.

CONCLUYENDO CON PODER Y PROPÓSITO

Para cerrar este pensamiento, recordemos la sabiduría de Zig Ziglar: "Fuiste diseñado para el logro, diseñado para el éxito y dotado con las semillas de la grandeza." Dios ha depositado Su grandeza en ti, y tienes todo lo necesario para cumplir tu destino. Es hora de levantarte, destacarte y mantenerte firme. Como un león que protege su manada, sin vacilar, sin titubear—tu fortaleza proviene del Señor, y estás equipado para vencer.

El mundo puede ver mansedumbre, pero el cielo conoce al león dentro de ti. Deja que tu vida ruja con propósito, defiende lo que más importa y nunca olvides: la palabra de Dios prevalecerá a través de ti.

CAPÍTULO 3

VALENTÍA HUMILDE, PERO FUERZA MAJESTUOSA

"La humildad nos arraiga; la valentía nos empodera en las batallas más feroces de la vida." — Dr. Mikel Brown

VALENTÍA HUMILDE, PERO FUERZA MAJESTUOSA

El equilibrio entre estas dos características, representadas tanto en el león como en el cordero, es esencial para prosperar en la vida, en los negocios y en la guerra espiritual. Si bien estamos llamados a ser humildes como hijos de Dios, hay momentos en los que la humildad debe dar paso a la fuerza justa. En el contexto de la vida y los negocios, la humildad nunca debe confundirse con pasividad o debilidad. Comprender la doble naturaleza del Cordero y del León puede empoderar a los creyentes para actuar con sabiduría, valentía y autoridad, manteniéndose siempre arraigados en la gracia de Cristo.

LA HUMILDAD DEL CORDERO: UN FUNDAMENTO EN DIOS

CUANDO LOS CORDEROS SE CONVIERTEN EN LEONES

Jesús, el Cordero de Dios, es el ejemplo supremo de humildad. Como enseña Filipenses 2:6-8, Jesús "no consideró el ser igual a Dios como algo a qué aferrarse, sino que se despojó a sí mismo, tomando la naturaleza de siervo." Este es el modelo de cómo debemos relacionarnos con los demás, especialmente dentro del cuerpo de Cristo. C. S. Lewis una vez dijo, "La humildad no significa pensar menos de nosotros mismos, sino pensar menos en nosotros mismos." Es servir a los demás, levantarlos y mostrar bondad y gentileza, tal como un cordero se mueve sin malicia ni agresión.

En la vida, los creyentes están llamados a ser corderos con otros corderos, expresando gracia, perdón y amor mutuo. Esto es especialmente crucial dentro de la iglesia y la comunidad cristiana, donde las relaciones se nutren a través de la humildad mutua. Debemos ser amables en el hablar, pacientes en el espíritu y rápidos para perdonar, como exhorta Pablo en Efesios 4:2: "Sean completamente humildes y amables; sean pacientes, soportándose unos a otros con amor."

Sin embargo, esta humildad no debe confundirse con debilidad en otras esferas, especialmente en la vida y los negocios. En estos ámbitos, la naturaleza del León debe

VALENTÍA HUMILDE, PERO FUERZA MAJESTUOSA

surgir dentro del creyente. El león no solo es un símbolo de fuerza, sino también de sabiduría, coraje y la capacidad de discernir cuándo actuar con decisión.

LA VALENTÍA DEL LEÓN: GOBERNAR CON FUERZA Y SABIDURÍA

En el mercado, la humildad es esencial, pero los creyentes no pueden darse el lujo de ser demasiado humildes hasta el punto de no defender lo que es correcto, tomar decisiones audaces o proteger sus intereses. El león, a menudo considerado el rey de la selva, no es simplemente agresivo por naturaleza, sino que su valentía está templada con precisión, propósito y discernimiento.

En los negocios, los cristianos deben adoptar la mentalidad del león. Esto significa ser asertivos, tomar el control de las situaciones y perseguir sus objetivos con confianza. Proverbios 28:1 declara: "Los justos son tan valientes como un león." Esta valentía no es arrogancia, sino confianza en saber quiénes somos en Cristo y que Él nos ha dado la autoridad para triunfar y liderar.

El león no retrocede ante un desafío; en su lugar, se mantiene firme, evalúa la situación y ataca con poder cuando es necesario. De la misma manera, los líderes cristianos en los negocios deben estar preparados para tomar decisiones difíciles y defender sus valores, incluso cuando otros se opongan. El león dentro del creyente también es un protector: cuida su negocio, su familia y su integridad ante cualquier ataque.

Sin embargo, la fuerza del león nunca debe disminuir la humildad del cordero. El verdadero poder del león no radica en la agresión constante, sino en la capacidad de defender y reconciliar cuando es necesario.

EL LEÓN Y EL CORDERO EN LA GUERRA ESPIRITUAL

La vida cristiana es un campo de batalla, y los creyentes deben comprender que no podemos darnos el lujo de estar desinformados o ignorantes sobre las armas de nuestra guerra. Como escribe Pablo en Efesios 6:12: "Porque nuestra lucha no es contra sangre y carne, sino contra principados, contra potestades, contra los gobernadores de las tinieblas de este mundo."

Mientras que la humildad nos mantiene arraigados y dependientes de Dios, la valentía del león nos equipa para

VALENTÍA HUMILDE, PERO FUERZA MAJESTUOSA

mantenernos firmes en la guerra espiritual. No estamos llamados a ser víctimas pasivas de los ataques del enemigo, sino a enfrentarlo de frente. Aquí es donde la doble naturaleza del cordero y el león es fundamental. El cordero en nosotros busca la paz y la reconciliación, pero cuando el enemigo—el cordero opuesto—revela sus cuernos, debemos transformarnos en el león, listos para defender nuestra fe, nuestras familias y nuestro destino con agresión y precisión.

Los cristianos deben estar bien entrenados en las armas de la guerra espiritual: la oración, el ayuno, la Palabra de Dios y el poder del Espíritu Santo. No podemos darnos el lujo de ser ignorantes de los planes del diablo, como advierte 2 Corintios 2:11. Debemos estar vigilantes, siempre listos para defendernos, pero también para reconciliarnos.

RECONCILIARSE CON LA FUERZA DE UN LEÓN

Si bien el león en nosotros está llamado a defender contra el ataque, también está llamado a reconciliar. Un verdadero creyente no busca el conflicto por el simple hecho de pelear, sino que comprende que la paz, cuando es posible, siempre es la mejor resolución. Como dice Romanos 12:18:

CUANDO LOS CORDEROS SE CONVIERTEN EN LEONES

"Si es posible, en cuanto dependa de ustedes, vivan en paz con todos."

Cuando un compañero creyente o incluso un socio comercial muestra resistencia, el león debe levantarse para defender lo que es correcto, pero también buscar la reconciliación, trayendo restauración cuando sea posible. Esta es la brillantez del liderazgo del león: sabe cuándo atacar, pero también sabe cuándo reunir y nutrir a su manada.

La vida cristiana es un delicado equilibrio entre la humildad del cordero y la valentía del león. En los negocios, en la vida y en la guerra espiritual, estamos llamados a ser corderos con los corderos, extendiendo gracia, amor y perdón. Como el león, debemos ser estratégicos, valientes y feroces cuando sea necesario, pero siempre con un corazón que busca la reconciliación, tal como lo hizo Cristo. En cada aspecto de la vida, los negocios y la fe, estamos llamados a encarnar tanto al Cordero como al León: gentiles en espíritu, pero poderosos en propósito.

CAPÍTULO 4

CÓMO EL LEÓN EJECUTA MOVIMIENTOS AUDACES DE LIDERAZGO

"La humildad nos sostiene; la audacia nos guía en las batallas más feroces de la vida." — Dr. Mikel Brown

CÓMO EL LEÓN EJECUTA MOVIMIENTOS AUDACES DE LIDERAZGO

Un creyente, al igual que el león, debe ser audaz, decisivo e intencional en cada aspecto de la vida. El león no es solo el rey de la selva por su tamaño o poder, sino por su dominio en la ejecución del liderazgo. Gobierna con sabiduría, estrategia y propósito, equilibrando la fuerza con la protección, y la agresión con el cuidado. De la misma manera, un creyente debe aprender del liderazgo del león y aplicar estas cualidades en su vida, negocios y crecimiento espiritual. Las características del león en la naturaleza reflejan las cualidades que un creyente debe desarrollar para vivir una vida de significado, propósito e influencia.

CUANDO LOS CORDEROS SE CONVIERTEN EN LEONES

LA AUDACIA DEL LEÓN: LIDERAZGO SIN MIEDO

El león personifica la audacia, un rasgo esencial para el liderazgo. Proverbios 28:1 dice: "Los malvados huyen, aunque nadie los persiga, pero los justos son valientes como un león." Esta escritura resalta la conexión entre la justicia y la valentía. La audacia de un creyente no proviene de la autoconfianza, sino de un profundo entendimiento de quién es en Cristo. Cuando conoces tu identidad en Dios, el miedo no puede paralizarte, y puedes avanzar en fe, al igual que el león avanza en la batalla sin temor.

En la vida, un creyente está llamado a tomar decisiones audaces. Ya sea al enfrentar decisiones difíciles, defender lo correcto o asumir riesgos en los negocios, un verdadero creyente debe tener el coraje de actuar cuando otros dudan. El liderazgo audaz significa conocer la dirección a seguir y liderar con confianza, incluso en medio de la adversidad. El león no duda en sus decisiones, y tampoco deberías hacerlo tú. Como creyentes, estamos llamados a liderar con autoridad, confiando plenamente en la guía del Espíritu Santo.

CÓMO EL LEÓN EJECUTA MOVIMIENTOS AUDACES DE LIDERAZGO

MOVIMIENTOS ESTRATÉGICOS: GOBERNANDO CON PRECISIÓN

Los leones gobiernan su manada con estrategia, al igual que un líder sabio dirige su comunidad o negocio. No actúan de manera impulsiva o imprudente, sino que comprenden la importancia de la precisión y el tiempo adecuado. Ejecutan sus ataques con habilidad y paciencia. Observan, calculan y luego atacan en el momento oportuno. De manera similar, un creyente debe gobernar su vida y sus decisiones con estrategia. Proverbios 16:9 nos dice: "El corazón del hombre traza su rumbo, pero sus pasos los dirige el Señor." Esto significa que, aunque debemos hacer planes y ser estratégicos, nuestros pasos deben estar arraigados en la sabiduría de Dios.

El liderazgo en la vida implica ser estratégico en la gestión de recursos, tiempo, relaciones y oportunidades. Así como el león analiza su entorno antes de actuar, un creyente debe buscar la sabiduría y el discernimiento de Dios en todo lo que hace. Las decisiones impulsivas llevan al caos, pero el liderazgo estratégico—guiado por el Espíritu Santo—conduce al éxito y la prosperidad. El liderazgo audaz no se trata de actuar constantemente; se trata de saber cuándo moverse y cuándo esperar, cuándo avanzar y cuándo retroceder. Como el león, los creyentes deben ser sabios, deliberados y decisivos en todas las áreas de la vida.

FORTALEZA EN LA COMUNIDAD: CONSTRUYENDO Y PROTEGIENDO LA MANADA

Los leones no son animales solitarios; prosperan en comunidad. Entienden que la fuerza de la manada está en la unidad. El león asume la responsabilidad no solo de sí mismo, sino de su grupo, asegurándose de que los más jóvenes sean nutridos y protegidos mientras mantiene la estabilidad de la manada. Este aspecto de la naturaleza del león enseña a los creyentes la importancia de la comunidad y el mentorazgo.

En la vida y el liderazgo, un creyente debe asumir la responsabilidad por su comunidad—su familia, iglesia, negocio u organización. Los líderes fuertes no lideran solo para sí mismos, sino para el beneficio de aquellos que les han sido confiados. Así como el león asegura que la próxima generación de leones crezca fuerte y capaz, un creyente debe

CÓMO EL LEÓN EJECUTA MOVIMIENTOS AUDACES DE LIDERAZGO

invertir y guiar a otros. El liderazgo efectivo consiste en levantar a otros, empoderarlos para alcanzar su potencial y brindar la protección que necesitan para florecer. El león protege a su manada de amenazas externas, y de la misma manera, un creyente debe estar alerta para proteger a su comunidad de influencias negativas o ataques espirituales. El liderazgo audaz no se trata solo del éxito personal, sino de garantizar el crecimiento y la seguridad de quienes nos rodean. Así como Cristo protege a Su iglesia, los creyentes deben proteger a sus familias, negocios y comunidades con la ferocidad de un león.

LIDERAZGO AUDAZ EN LA NATURALEZA: ENFRENTANDO DESAFÍOS CON DETERMINACIÓN

En la naturaleza, los leones enfrentan amenazas constantes—desde depredadores rivales hasta la dureza del entorno. Sin embargo, permanecen inquebrantables. Enfrentan estos desafíos con determinación, adaptándose y sobreviviendo porque están hechos para ello. Del mismo modo, los creyentes deben reconocer que los desafíos en la vida son inevitables. La adversidad, el fracaso y la oposición vendrán, pero al igual que el león, estamos diseñados para superarlos. Santiago 1:12 dice: "Bienaventurado el que resiste la tentación; porque cuando haya resistido la prueba, recibirá la corona de la vida, que Dios ha prometido a quienes lo aman."

El liderazgo audaz significa entender que las dificultades son parte del camino, pero no una razón para retroceder. El león sabe que debe luchar para mantener su territorio y sobrevivir, y como creyentes, debemos luchar para mantener nuestro territorio espiritual, personal y profesional. Luchamos con oración, perseverancia y la firme creencia de que Dios ya nos ha equipado para superar cualquier obstáculo. El león no se acobarda ante un desafío, y tampoco deberíamos hacerlo nosotros.

AGRESIVO EN LA DEFENSA, COMPASIVO EN LA RECONCILIACIÓN

Si bien el león es agresivo al defender su manada, también sabe equilibrar esta fuerza con compasión. Dentro de su grupo, hay orden, cuidado y un profundo sentido de responsabilidad por cada miembro. Un verdadero líder

CÓMO EL LEÓN EJECUTA MOVIMIENTOS AUDACES DE LIDERAZGO

entiende que hay un tiempo para ser agresivo y un tiempo para ser compasivo. Jesús, quien es tanto el León de Judá como el Cordero de Dios, mostró este equilibrio perfectamente. En un momento, volcó las mesas en el templo, y en otro, restauró con ternura a la mujer sorprendida en adulterio.

Los creyentes deben comprender que el liderazgo audaz no significa ser severos o autoritarios. Hay momentos para la confrontación, pero también momentos para la reconciliación. Cuando un hermano en la fe tropieza, estamos llamados no solo a corregir, sino a restaurar. Como el león, protegemos lo que es nuestro con fuerza, pero edificamos y cuidamos a nuestra manada con amor y compasión.

LIDERANDO CON AUTORIDAD: EL EJEMPLO DEL LEÓN EN LOS NEGOCIOS Y LA VIDA

En los negocios, el liderazgo audaz se manifiesta al tomar el control de situaciones, tomar decisiones difíciles y avanzar con fe cuando otros están paralizados por el miedo. Un creyente no debe temer liderar con autoridad. Dios nos ha dado el mandato de ser líderes en cada área de nuestra vida. Estamos llamados a ser la cabeza y no la cola, estar arriba y no abajo (Deuteronomio 28:13).

El león lidera su manada con la confianza de que tiene el control, y como creyentes, debemos entrar en cada situación con la misma confianza, sabiendo que Dios nos ha dado autoridad. Cuando entres en una sala, entiende que llevas dentro de ti la autoridad del León de Judá. No estás ahí por accidente; Dios te ha equipado para liderar con poder e influencia.

EL LIDERAZGO AUDAZ DEL LEÓN

El liderazgo audaz, como el del león, se trata de equilibrio. Se trata de saber cuándo ser agresivo y cuándo ser compasivo, cuándo actuar y cuándo esperar. Se trata de liderar no solo para nuestro beneficio, sino para el crecimiento y la protección de quienes nos rodean. Dios te ha equipado con la fuerza, la sabiduría y la autoridad de Cristo mismo. Levántate, lidera con audacia y gobierna con la confianza de saber quién eres y a quién perteneces. ¡El mundo está esperando tu rugido!

CAPÍTULO 5

EL DOMINIO DEL CORDERO A TRAVÉS DE LA AUTORIDAD GENTIL

"En unidad, los corderos se levantan como una fuerza impenetrable de propósito." — Dr. Mikel Brown

EL DOMINIO DEL CORDERO A TRAVÉS DE LA AUTORIDAD GENTIL

El cordero, a menudo percibido como gentil y humilde, es un poderoso símbolo en la vida del creyente. Encarna las cualidades de humildad, paciencia y paz. Sin embargo, en su naturaleza discreta yace una fuerza oculta que supera ampliamente lo que se ve a simple vista.

El poder del cordero no se encuentra en la agresión externa, sino en su resiliencia silenciosa y su determinación inquebrantable. Es una fuerza que se revela en el momento adecuado, a menudo sorprendiendo a quienes lo subestiman. Los cristianos están llamados a emular esta misma fortaleza encubierta: mansos en apariencia, pero

CUANDO LOS CORDEROS SE CONVIERTEN EN LEONES

preparados para levantarse con autoridad silenciosa cuando sea necesario.

A simple vista, un cordero puede parecer frágil y desprotegido. Sin embargo, su verdadera fortaleza está en la unidad. Solo, un cordero puede parecer vulnerable, pero cuando se une con otros, forma una fuerza impenetrable. Su unidad es su escudo, su sabiduría colectiva su guía. Así como los creyentes están llamados a ser "astutos como serpientes y sencillos como palomas" (Mateo 10:16), el cordero nos enseña que la verdadera sabiduría no está en las demostraciones externas de poder, sino en los movimientos sutiles y estratégicos. La fortaleza del cordero se revela en los momentos de aparente debilidad, cuando el mundo menos lo espera.

Imagina caminar por la vida como creyente, donde muchos perciben tu humildad como debilidad. Pueden confundir tu amabilidad con pasividad, tu silencio con ignorancia. Pero aquí está la clave: tu poder está oculto, reservado intencionalmente, esperando el momento adecuado para emerger. No necesitas demostrar tu fuerza en cada oportunidad, porque sabes que la verdadera fortaleza

EL DOMINIO DEL CORDERO A TRAVÉS DE LA AUTORIDAD GENTIL

no se define por la agresión externa, sino por tu inquebrantable conexión con el propósito de Dios. Cuando lleguen los desafíos y otros asuman que eres demasiado débil para enfrentarlos, es cuando el poder del cordero se manifiesta. El cordero no lucha como el mundo espera que lo haga. No depende de la fuerza bruta ni de declaraciones altisonantes. En cambio, actúa con sabiduría, moviéndose en el momento preciso y dejando perplejos a quienes lo subestimaron. Este es el tipo de fortaleza que los creyentes están llamados a ejercer: una fuerza que permanece tranquila en la tormenta, confiando en que Dios está obrando detrás de escena.

De la misma manera, los cristianos son a menudo subestimados en el mundo. Puede que el mundo vea nuestra humildad como debilidad, pero ahí es donde se equivoca. Nuestra humildad no es una señal de fragilidad; es la cubierta de una fortaleza mucho más profunda y poderosa. Es el poder de saber quiénes somos en Cristo, una fortaleza que no se ve afectada por las opiniones o expectativas de los demás. Somos corderos en las manos de un Pastor todopoderoso, guiados por una sabiduría divina que nos da ventaja en cada situación.

CUANDO LOS CORDEROS SE CONVIERTEN EN LEONES

Cuando entras a una sala y otros asumen que no tienes la capacidad de liderar o el conocimiento para triunfar, es entonces cuando brilla tu poder oculto. No necesitas alardear ni exigir atención, porque tu autoridad proviene de una fuente más profunda. Como el cordero, tu fortaleza es silenciosa pero firme, esperando el momento adecuado para revelarse. Y cuando llegue ese momento, cuando se asuma ignorancia y debilidad, es cuando te levantarás. No con arrogancia, sino con una fuerza calmada y constante que sacude los cimientos de la duda.

Es el mismo poder que Jesús ejemplificó. Él fue el Cordero de Dios: humilde, discreto y, sin embargo, lleno de autoridad divina. Su fuerza no estaba en el volumen de su voz, sino en el propósito de su misión. No necesitaba probarse a sí mismo porque su identidad estaba arraigada en algo mucho más grande que el reconocimiento terrenal. Y cuando llegó el momento, entregó su vida, demostrando que el verdadero poder no está en la capacidad de dominar, sino en la disposición de rendirse con propósito.

Ese es el tipo de poder que los creyentes están llamados a ejercer. Una fortaleza que no es ruidosa, sino

EL DOMINIO DEL CORDERO A TRAVÉS DE LA AUTORIDAD GENTIL

profunda. Una fortaleza que no es ostentosa, sino impactante. Cuando el mundo piensa que eres débil, es entonces cuando tu poder se revela, no en la agresión, sino en la sabiduría, la paciencia y la acción estratégica. El poder del cordero está en su capacidad de sorprender, de levantarse cuando menos se espera y de vencer no con fuerza, sino con propósito.

No necesitas rugir para demostrar tu fortaleza. El poder del cordero está en su resiliencia silenciosa, su unidad y su conexión profunda con algo más grande que él mismo. Ese es el poder de un creyente. Puede que seas subestimado, pero nunca pases por alto la fortaleza oculta dentro de ti. Tu poder reside en tu propósito, y cuando llegue el momento, el mundo verá la fuerza silenciosa del cordero levantarse, no como una víctima, sino como un vencedor.

CAPÍTULO 6
LEVÁNTATE COMO UN REY LEÓN

"A través de los desafíos se construye la resiliencia; a través de la fe, surge el león." —Dr. Mikel Brown

LEVÁNTATE COMO UN REY LEÓN

El ascenso y desarrollo de un león, desde un cachorro hasta convertirse en el majestuoso rey de la selva, es uno de los viajes más poderosos y sobrecogedores de la naturaleza. Es una vida moldeada por pruebas, resiliencia y propósito, reflejando la profunda historia de Cristo y el camino transformador del creyente. Desde la inocencia de un cachorro hasta la imponente presencia de un león plenamente desarrollado, este proceso de crecimiento representa la jornada espiritual del cristiano, un viaje que nos revela quiénes somos realmente y nos llama a abrazar nuestra identidad como reyes y guerreros en este mundo.

CUANDO LOS CORDEROS SE CONVIERTEN EN LEONES

LOS PRIMEROS DÍAS DEL LEÓN: INOCENCIA Y DEPENDENCIA

Un cachorro de león nace débil, vulnerable y totalmente dependiente de su madre y de la manada para sobrevivir. Durante estas primeras etapas, su enfoque principal es aprender lo básico de la vida: cómo cazar, cómo interactuar con otros y cómo evitar el peligro. El cachorro aún no lo sabe, pero dentro de su pequeño cuerpo yace el potencial para la grandeza. Lo mismo ocurre con cada creyente en Cristo. En las primeras etapas de nuestro caminar espiritual, podemos sentirnos vulnerables y desconocer la magnitud del poder que hay en nosotros. Dependemos de nuestro Padre celestial, tal como el cachorro depende de su manada.

Pero aquí está la verdad hermosa: incluso en nuestra debilidad y dependencia, Dios ya nos está moldeando para ser quienes estamos destinados a ser. El cachorro aún no tiene la fuerza física de un león, pero su destino está escrito en su ADN. Está destinado a crecer, a levantarse y a reinar. Y lo mismo sucede con nosotros. Nuestra verdadera identidad no está determinada por nuestra debilidad actual o nuestras luchas, sino por nuestro ADN espiritual: somos hijos de Dios, herederos de su reino y estamos destinados a reinar junto a Cristo, el León de la tribu de Judá (Apocalipsis 5:5).

LA TEMPORADA DE ENTRENAMIENTO: DESARROLLANDO FUERZA Y DISCIPLINA

Todos los leones atraviesan una temporada de entrenamiento para desarrollar la fortaleza y la disciplina. Solo hay que ver la película El Rey León para entender esta realidad. ¡Ríete a carcajadas!

A medida que el cachorro crece, entra en una etapa crítica de entrenamiento. Aquí es donde comienza a desarrollar las habilidades que definirán su futuro como león. Cazar, pelear y navegar por la naturaleza no son instintivos; se aprenden mediante la disciplina y la práctica. El cachorro enfrenta desafíos, algunos que lo llevan al límite. A veces fracasa, pero cada fracaso es una lección que fortalece su determinación. Poco a poco, sus garras se afilan, sus músculos se fortalecen y sus instintos se agudizan.

CUANDO LOS CORDEROS SE CONVIERTEN EN LEONES

De la misma manera, los creyentes pasan por temporadas de entrenamiento espiritual. La Biblia habla de la importancia de la disciplina y la perseverancia en la vida cristiana. Hebreos 12:11 nos recuerda que "ninguna disciplina al presente parece ser causa de gozo, sino de tristeza; pero después da fruto apacible de rectitud a los que en ella han sido ejercitados." Como el cachorro de león, debemos abrazar los desafíos y dificultades de la vida, sabiendo que cada uno nos está preparando para el futuro que Dios ha diseñado para nosotros.

Este período de entrenamiento es donde se construye la resiliencia. La resiliencia no es solo la capacidad de soportar; es la determinación de levantarse después de cada caída. Así como el cachorro de león aprende de cada cacería fallida, de cada encuentro con el peligro y de cada lucha por el dominio, los cristianos también debemos aprender de nuestras experiencias. El fracaso no es el final, es combustible para el crecimiento.

LA MAYORÍA DE EDAD: ENTRANDO EN EL PODER

Cuando el cachorro alcanza la madurez, comienza a

asumir su poder. Ya no es un seguidor, sino un líder que impone respeto con su presencia y sus acciones. Su rugido, que antes era un sonido juguetón, ahora resuena en la sabana, anunciando su llegada. El león no cuestiona su identidad: sabe que es un rey. Se mueve con autoridad, consciente de que ha ganado su lugar en la cima de la cadena alimenticia.

Para el creyente, alcanzar la madurez espiritual es similar a entrar en la plenitud de nuestra identidad en Cristo. Efesios 4:13 habla de crecer "hasta la medida de la estatura de la plenitud de Cristo." Cuando comprendemos plenamente quiénes somos en Él, dejamos de cuestionar nuestra autoridad.

Sabemos que somos coherederos con Cristo, sentados en lugares celestiales y empoderados para vivir con valentía y propósito. Así como el rugido del león es una declaración de su presencia y poder, nuestras vidas deben ser una declaración de la presencia y el poder de Dios en nosotros. Cuando hablamos y actuamos, debe ser con la autoridad del Rey de Reyes.

CUANDO LOS CORDEROS SE CONVIERTEN EN LEONES

LA ESTRATEGIA REVOLUCIONARIA DEL LEÓN: MOVIMIENTOS VALIENTES Y CALCULADOS

Uno de los aspectos más impresionantes de la vida del león es su estrategia. No gasta energía en batallas innecesarias o en persecuciones sin propósito. En su lugar, observa, calcula y ataca con precisión. Su fuerza no está en la actividad constante, sino en la acción estratégica. Cuando el león se mueve, lo hace con propósito, cada acción es intencional.

Para el creyente, esta es una lección poderosa. La vida no se trata de estar ocupado, sino de ser efectivo. Estamos llamados a vivir con propósito, tomando decisiones estratégicas en nuestras vidas personales, espirituales y profesionales. En Proverbios 3:6 leemos: "Reconócelo en todos tus caminos, y Él enderezará tus veredas." Así como el león espera el momento perfecto para atacar, nosotros también debemos esperar el tiempo de Dios en nuestros proyectos. Pero cuando llegue ese momento, debemos actuar con valentía, sin dudar. Esto es lo que significa vivir con el corazón de un león: aprovechar las oportunidades, enfrentar los desafíos de frente y avanzar con confianza en lo que somos.

REVELANDO EL VERDADERO REY BAJO LA CARNE

Para cada creyente, hay un león debajo de la delgada capa de carne. El mundo puede vernos como ordinarios, pero en lo profundo, somos reyes. Llevamos dentro de nosotros el espíritu de Cristo, el León de Judá. La carne puede intentar ocultar esta realidad, haciéndonos dudar de nuestra fuerza, nuestro propósito o nuestro valor. Pero cuando comenzamos a caminar en la plenitud de nuestra identidad, cuando permitimos que el león dentro de nosotros se levante, nos volvemos imparables.

Jesús ejemplificó esto en su vida terrenal. En la superficie, parecía un hombre humilde, discreto y a menudo subestimado. Pero dentro de Él estaba el poder del Rey de Reyes. Y cuando llegó el momento de enfrentar el pecado, la muerte y el sepulcro, se levantó como el León de Judá, aplastando la cabeza del enemigo con un acto decisivo de victoria en la cruz. De la misma manera, como creyentes, debemos entender que debajo de nuestra humildad se esconde una identidad poderosa destinada a reinar.

LA LEGACÍA DEL LEÓN: VIVIR CON PROPÓSITO Y DOMINIO

Finalmente, el león adulto vive con un sentido de propósito y dominio. Entiende que su función no es solo sobrevivir, sino prosperar, proteger a su manada y gobernar su territorio. De la misma manera, los creyentes estamos llamados a vivir con propósito y dominio en cada área de la vida. No estamos destinados a simplemente existir, sino a dejar huella. Estamos llamados a proteger y nutrir a quienes nos rodean, a liderar con sabiduría y a traer el reino de Dios a cada ámbito que tocamos.

El viaje del león, de cachorro a rey, refleja la trayectoria del cristiano, de nuevo creyente a guerrero espiritual. Es un camino de resiliencia, entrenamiento, y finalmente, de acceso al poder y al propósito. Al abrazar su verdadera identidad en Cristo, como el león, podemos levantarnos para aplastar cualquier desafío y vivir como los reyes que fuimos creados para ser. El mundo puede vernos como personas comunes y corrientes, pero conocemos la verdad—somos leones.

La capacidad de los leones de rugir tiene un propósito: un león no ruge porque puede; ruge para declarar su territorio, para enviar un mensaje que exige atención y respeto. El rugido de un león no es un ruido sin sentido; es una declaración de dominio. De la misma manera, el creyente debe saber cuándo rugir—cuándo hablar con la autoridad de la Palabra de Dios. "El león ruge, ¿quién no temerá? El Señor Dios ha hablado, ¿quién no profetizará?" (Amós 3:8).

El rugido de un león no es energía desperdiciada; es preciso, poderoso y con propósito. De igual manera, un creyente debe saber cuándo rugir para hablar con autoridad de la Palabra de Dios, no solo porque puede hacerlo, sino porque es el momento de establecer dominio y declarar la victoria.

Cuando el creyente ruge en profecía, no solo está haciendo ruido, sino que está transformando atmósferas, rompiendo cadenas y declarando la voluntad de Dios con poder. Es un rugido de destino, la voz del cielo

CUANDO LOS CORDEROS SE CONVIERTEN EN LEONES

manifestándose en la tierra. Por lo tanto, ruge con intención. Ruge con propósito. Ruge con poder.

Pero el rugido del creyente no se tratade solo de volumen sino de la autoridad que lo respalda. Cuando se proclama la Palabra de Dios, lleva el peso del cielo, sacudiendo cimientos y alineando las circunstancias con la voluntad divina de Dios.

Un rugido profético silencia al enemigo, abriendo espacio para que las promesas de Dios se manifiesten. No es el sonido, sino la sustancia lo que cuenta. Un rugido de fe perfora la oscuridad, impulsa hacia delante y trae vida. Ruge no para llamar la atención— sino para transformación y avance divino.

Si estás declarando la providencia divina de Dios sobre tu vida, sobre la vida y el dominio de tus hijos, sobre tu matrimonio, sobre tus negocios y finanzas, no rujas como un león débil, desgarrado por la guerra y fatigado por la batalla. Ruge como un león que, después de haberlo hecho todo, sigue en pie, haciendo que su presencia sea conocida y escuchada. ¡RUGE!

CAPÍTULO 7

EL INSTINTO DEL LEÓN PARA APLASTAR A SUS ENEMIGOS

"El liderazgo audaz requiere acción precisa, sabiduría estratégica y fe intrépida." — Dr. Mikel Brown

EL INSTINTO DEL LEÓN PARA APLASTAR A SUS ENEMIGOS

Imagina un león en la naturaleza—feroz, inquebrantable, con una intensidad enfocada como un láser. Vigila su territorio, consciente de cada movimiento, cada sonido, cada posible amenaza u oportunidad. Un león no solo sobrevive; domina. Se mueve con poder, precisión y una determinación imparable. No es solo instinto; es acción deliberada. El león aplasta todo lo que se atreve a desafiar su autoridad, protegiendo a su manada y su territorio con una agresividad inquebrantable. Esta es la mentalidad que todo creyente debe tener, no solo en su vida espiritual, sino también en los negocios.

En la vida, el cristiano está llamado a adoptar la

CUANDO LOS CORDEROS SE CONVIERTEN EN LEONES

mentalidad de un león en la guerra espiritual. El león no es pasivo; no retrocede cuando surge la oposición. Se mantiene firme y ruge con autoridad, enviando un mensaje claro a sus enemigos: No seré movido. Como creyentes, debemos encarnar esta ferocidad en nuestras vidas espirituales.

No podemos permitirnos ser pasivos cuando el enemigo intenta perturbar nuestra paz, sabotear nuestra fe o socavar nuestro propósito. La Biblia declara en 1 Pedro 5:8, "Su adversario el diablo, como león rugiente, anda buscando a quien devorar." Pero aquí está la verdad: nosotros somos los verdaderos leones, revestidos con la autoridad de Cristo. El enemigo puede rugir, pero no puede resistir a un creyente que conoce su autoridad. Aplasta la cabeza de tus enemigos espirituales con oración incesante, fe y la Palabra de Dios.

En los negocios, la estrategia del león es igualmente vital. El mercado puede ser un campo de batalla, lleno de competidores, desafíos y contratiempos. Pero como creyente en los negocios, debes adoptar la mentalidad de un león: audaz, feroz y decidido a triunfar. Cuando aparecen obstáculos, no te retraes—ataca con estrategia, resiliencia y ferocidad.

EL INSTINTO DEL LEÓN PARA APLASTAR A SUS ENEMIGOS

Un león no se disculpa por estar en la cima de la cadena alimenticia, y tú tampoco debes disculparte por tu ambición y tu deseo de ver tu negocio prosperar. Fuiste creado para liderar, innovar y conquistar los obstáculos que se interponen entre tú y tus sueños.

Piensa en cómo caza un león. No desperdicia energía en cualquier presa potencial. En cambio, espera el momento perfecto, calculando cuidadosamente su enfoque. Cuando llega el momento adecuado, actúa con un poder explosivo, enfocándose completamente en su objetivo. Así es como debes abordar los negocios. No te dispersas persiguiendo cada oportunidad sin estrategia. Sé preciso. Identifica tu objetivo, planifica tu estrategia y ataca con precisión.

Ya sea cerrando un trato, lanzando un nuevo proyecto o expandiendo tu influencia, muévete con la autoridad de un león. Sin medias tintas. Sin dudas. Verás, en los negocios, siempre habrá competencia—personas o empresas que intentarán derribarte, distraerte o adelantarse a tu éxito. Pero tú naciste para ser el león, para rugir más fuerte, actuar con más audacia y moverte más rápido que cualquier oposición.

CUANDO LOS CORDEROS SE CONVIERTEN EN LEONES

Aquí hay una verdad poderosa: El león nunca tiene prisa, pero siempre logra su objetivo. Se mueve con propósito, no con desesperación. Y así es como debes moverte en la vida y en los negocios. No hay necesidad de apresurarse, pero tampoco hay lugar para la pereza. Cada paso, cada decisión, está calculada para acercarte más a tu meta. Cuando surgen desafíos, no te derrumbas—te elevas para enfrentarlos. El león prospera en la naturaleza salvaje, así como tú prosperarás en el caos de los altibajos de la vida. No eres víctima de tus circunstancias; eres el rey de tu territorio.

Y dejemos algo claro—el león no tolera nada que amenace su manada o su reinado. Del mismo modo, en los negocios, no debes tolerar distracciones, mediocridad o personas que socaven tu visión. Si algo o alguien está frenando tu progreso, prepárate para eliminar ese obstáculo con rapidez y decisión.

Un león no puede permitirse dejar que sus enemigos persistan, y tú tampoco puedes permitirte que nada ralentice tu impulso. Esto no se trata de agresión por el simple hecho de ser agresivo—se trata de supervivencia y

EL INSTINTO DEL LEÓN PARA APLASTAR A SUS ENEMIGOS

dominio. Se trata de proteger tu visión, tus sueños y tu negocio con la misma fiereza con la que un león protege su territorio.

En el ámbito espiritual, la ferocidad del león es tu arma contra el enemigo. El diablo intenta intimidarte y socavar tu fe, pero al igual que el león, te levantas y aplastas sus planes con el peso de tu oración y tu fe. Efesios 6:11 dice, "Pónganse toda la armadura de Dios para que puedan hacer frente a las asechanzas del diablo." Esta armadura te transforma en el león del campo de batalla espiritual, equipado para derribar fortalezas, romper cadenas y rugir en victoria. No luchas por la victoria; luchas desde la victoria, porque conoces a Aquel que ya ha vencido la tumba.

Y en los negocios, esta misma mentalidad de victoria se aplica. El león no espera ganar—es su expectativa. Sabe que su lugar es en la cima y pelea para mantenerlo. Debes tener esa misma expectativa; no tienes la esperanza que tu negocio tenga éxito—confías en que prosperará.

Cada movimiento que hagas debe estar alineado con la creencia de que tu victoria es inevitable, porque Dios te ha

CUANDO LOS CORDEROS SE CONVIERTEN EN LEONES

dado la autoridad para dominar en tu campo. Ya seas un emprendedor, un líder o un visionario, no estás aquí para jugar en pequeño—estás aquí para aplastar la mediocridad, romper barreras y establecerte como un líder.

Seamos realistas—un león no negocia con sus enemigos, y tú no puedes negociar con el fracaso o la mediocridad. Los pisoteas, como el león aplasta el cráneo de su presa. Si tu sueño vale la pena luchar por él, entonces lucha como un león. Si tu negocio vale la pena construirlo, entonces constrúyelo como un león—fuerte, audaz e imparable. No te retires. No te disculpes. Avanza con una determinación feroz, sabiendo que nada puede detenerte excepto tú mismo.

Y aquí está la clave: El rugido de un león se escucha a kilómetros de distancia, enviando un mensaje de dominio y fuerza. Tu impacto, tu influencia y tu éxito deben sentirse mucho más allá de tu alcance inmediato. Cuando hagas movimientos en los negocios o en la vida, asegúrate de que sean lo suficientemente audaces como para enviar ondas expansivas a través de tu industria, tu comunidad y más allá. Ruge con confianza. Ruge con autoridad.

EL INSTINTO DEL LEÓN PARA APLASTAR A SUS ENEMIGOS

Al final del día, el león es un símbolo de victoria, poder y búsqueda implacable. Y como creyente, tú encarnas ese mismo espíritu. Ya sea en la vida, en los negocios o en tu caminar espiritual, estás llamado a aplastar obstáculos, superar adversidades y rugir con confianza y autoridad. El mundo es tu territorio—písalo con la mentalidad de un león, sabiendo que nada puede interponerse en tu camino. No se trata de quién te permitirá triunfar; se trata de quién podrá detenerte. ¡Ahora, ve y ruge!

CAPÍTULO 8

LA HIBRIDACIÓN DEL LEÓN Y EL CORDERO

"Es esta fluidez, esta transición armoniosa entre león y cordero, la que transforma a las personas y comunidades."
— Dr. Mikel Brown

LA HIBRIDACIÓN DEL LEÓN Y EL CORDERO

Todos hemos oído, a menos que hayas tenido la cabeza enterrada en la arena toda tu vida, que el león es considerado a menudo el rey de la selva, un símbolo de fortaleza, valentía y liderazgo. Pero bajo este poderoso exterior yace una comprensión profunda del poder de uno: la idea de que tanto las acciones individuales como las colectivas pueden llevar a la transformación, el crecimiento y la libertad. La sabiduría innata del león nos ofrece una valiosa lección sobre cómo combinar pensamientos y acciones intencionales para producir cambios masivos en la vida, el entorno y en los ámbitos corporativo y personal.

EL PODER DE UNO: CÓMO LO VE EL LEÓN

CUANDO LOS CORDEROS SE CONVIERTEN EN LEONES

El león ejemplifica el poder de uno, comprendiendo que el liderazgo y el impacto no siempre provienen de grandes números, sino a menudo de una sola acción intencional. Un solo león puede controlar el destino de una manada, liderando y protegiendo a sus miembros, no solo con fuerza bruta, sino a través de decisiones y acciones calculadas. Este "poder de uno" se refleja en cómo el león navega su entorno con autoridad y propósito, influyendo en todo lo que lo rodea.

De manera similar, el poder de uno puede influir en nuestras vidas. Una sola decisión intencional puede preparar el escenario para resultados transformadores. Así como el rugido de un león puede comandar la selva, un pensamiento enfocado puede cambiar el rumbo de nuestra vida. Esto es especialmente importante cuando consideramos la fusión de pensamientos y acciones: uno debe ser intencional en alinear el pensamiento con la acción dirigida y con propósito.

El león entiende que, al igual que una sola decisión puede marcar la diferencia, también lo pueden hacer las pequeñas acciones repetidas. Los hábitos diarios del león—proteger la manada, cazar con precisión y mantener su territorio—ilustran cómo las acciones consistentes construyen un éxito duradero. Para nosotros, la clave está en

LA HIBRIDACIÓN DEL LEÓN Y EL CORDERO

identificar esas pequeñas pero poderosas acciones que, con el tiempo, generan cambios monumentales. Ya sea comprometiéndose con una disciplina diaria o cambiando la mentalidad para alinearla con los principios del éxito, son estas pequeñas elecciones intencionales las que conducen a la transformación masiva de la vida.

COMBINANDO PENSAMIENTOS Y ACCIONES INTENCIONALES

El león no actúa sin pensar. Su fuerza proviene de una profunda sabiduría instintiva, y podemos comparar esto con la forma en que debemos combinar el pensamiento intencional con la acción estratégica para crear un cambio real. Hay una frase que se usa a menudo en el liderazgo: "Piensa como un león, actúa como un león." Esta frase resume la idea de que el liderazgo comienza en la mente. Antes de que el león salga a cazar, elabora estrategias—mide la distancia, analiza la manada y se prepara mentalmente. De manera similar, debemos alinear nuestros pensamientos con nuestras metas y sueños antes de verlos materializarse.

Pensar de manera intencional implica visualizar lo que queremos lograr, enmarcar nuestra mentalidad para el éxito y usar nuestros pensamientos como un plano para la acción. Esto no es un ensueño pasivo, sino una práctica

CUANDO LOS CORDEROS SE CONVIERTEN EN LEONES

mental disciplinada, al igual que la postura previa a la caza del león no es un descanso perezoso, sino una preparación enfocada. Cuando nuestros pensamientos están dirigidos hacia los resultados deseados, sirven como la base para una acción inspirada. Cada movimiento del león tiene un propósito; lo mismo debe ocurrir con los nuestros.

Una vez que los pensamientos están alineados intencionalmente con el propósito, las acciones deben seguir. Cuando el león ataca, lo hace con total compromiso—sin vacilaciones, sin dudas. Así es como debemos abordar la vida cuando buscamos producir un cambio masivo. El miedo o la duda pueden paralizarnos, pero el león no duda porque sabe que el éxito llega a través de la acción decisiva e intencional. La lección para nosotros es comprometernos plenamente con cada paso, comprendiendo que nuestras acciones tienen el poder de crear efectos dominó en nuestro entorno y en nuestras vidas personales.

DE LEÓN A CORDERO Y DE CORDERO A LEÓN: NO SEPARADOS, SINO UNO

El león también encarna una paradoja: la capacidad de transitar de la ferocidad a la gentileza, del rol de rey al de siervo. Esto refleja la doble naturaleza del liderazgo—a

LA HIBRIDACIÓN DEL LEÓN Y EL CORDERO

veces, la fortaleza se encuentra en la humildad y la gentileza, y otras veces, la gentileza debe dar paso a la acción audaz. El león y el cordero no son entidades separadas; son expresiones del mismo poder central que entiende cuándo ejercer la fuerza y cuándo abrazar la suavidad.

En la Biblia, Jesús es referido como el León de Judá y el Cordero de Dios, simbolizando este doble aspecto del liderazgo. Como líderes en los negocios, el ministerio y la vida, debemos aprender a navegar esta dinámica. Hay momentos en los que un líder debe ser tan feroz como un león, avanzando con propósito, defendiendo su visión y guiando con autoridad. En otros momentos, el líder debe ser tan gentil como un cordero, nutriendo a su gente, liderando con compasión y sirviendo en lugar de dominar. La capacidad de hacer la transición entre estos modos es clave para construir empresas del reino exitosas y guiar a las personas hacia la libertad y el éxito.

El león comprende que estas dos expresiones no son mutuamente excluyentes, sino aspectos de este poder. Saber cuándo ser un león—fuerte, autoritario y decidido—y cuándo ser un cordero—humilde, servicial y compasivo—es el secreto de un liderazgo equilibrado y efectivo. En el ministerio, esta dinámica es crucial cuando se lidera a las personas (ovejas) hacia la libertad y el éxito. Pastorearlas requiere la sabiduría de saber cuándo proteger con fortaleza y cuándo guiar con gentileza. Es esta fluidez, esta transición sin esfuerzo de león a cordero y de regreso, lo que transforma a las personas y comunidades.

EMPRESAS DEL REINO: UN LIDERAZGO QUE TRANSFORMA

Construir empresas del reino—ya sea en los negocios, el ministerio o cualquier otro ámbito—requiere tanto la fortaleza del león como el servicio del cordero. La capacidad del león para aprovechar el poder de uno—tanto en acciones individuales como en influencia corporativa—proporciona un modelo de liderazgo del reino que es audaz pero compasivo, decidido pero humilde.

Un león lidera su manada con autoridad, pero también comprende la importancia de la unidad y el trabajo en equipo. No opera en aislamiento, sino que se asegura de que cada miembro de la manada desempeñe un papel. De manera similar, las empresas del reino prosperan cuando los líderes construyen equipos que trabajan juntos con una visión compartida. La comprensión del león sobre la fuerza corporativa nos enseña que, sin importar cuán poderoso pueda ser el líder, el éxito llega cuando todos están capacitados para cumplir con su rol.

LA HIBRIDACIÓN DEL LEÓN Y EL CORDERO

Al construir una empresa del reino, es esencial crear un extorno donde las personas no sean solo seguidores, sino que estén capacitados para liderar por derecho propio. Así es como guiamos a las personas (las ovejas) hacia la libertad y el éxito—ayudándolos a desarrollar su propio potencial para influir y liderar. El liderazgo del león no se trata solo de dar órdenes, se trata de crear un ambiente donde otros puedan prosperar.

CREANDO UNA MENTALIDAD DE RIQUEZA: PEQUEÑAS ACCIONES, GRAN IMPACTO

El enfoque estratégico del león nos enseña que, a menudo, son las pequeñas acciones aparentemente insignificantes las que conducen a los cambios más significativos. En la vida y en los negocios, el principio del "poder de uno" se puede aplicar a nuestra mentalidad hacia la riqueza. La riqueza, en el contexto del reino, no se trata solo de dinero; se trata de abundancia en todas las áreas de la vida—espiritual, mental, emocional y material. Y comienza con las cosas pequeñas.

Así como el león construye su fuerza a través de hábitos y acciones diarias, podemos cultivar una mentalidad de riqueza tomando decisiones pequeñas pero intencionales. Estos podrían incluir la gratitud diaria,

CUANDO LOS CORDEROS SE CONVIERTEN EN LEONES

invertir tiempo en crecimiento personal o crear sistemas que respalden el éxito financiero y personal a largo plazo. El león sabe que cada paso en la dirección correcta lo acerca a su objetivo, y debemos adoptar la misma mentalidad.

Una mentalidad de riqueza no se trata de logros rápidos y llamativos; se trata de un progreso constante e intencional. Ya sea iniciar un nuevo negocio, crecer espiritualmente o liderar una comunidad. La sabiduría del león nos recuerda que la grandeza proviene de una serie de acciones bien elegidas y disciplinadas a lo largo del tiempo. Las cosas pequeñas tales como las decisiones diarias, el enfoque intencional, y el pensamiento estratégico son las que crean éxito e impacto duradero.

En conclusión, la comprensión del león sobre el poder de uno, el equilibrio entre la fortaleza y la gentileza, y la importancia de las acciones pequeñas e intencionales nos ofrece una profunda lección sobre liderazgo y transformación. Ya sea en los negocios, el ministerio o la vida personal, podemos aprender del enfoque del león para lograr un cambio masivo impulsado por el reino en nuestras vidas y en el mundo que nos rodea.

CAPÍTULO 9

ENCARNANDO LA MAESTRÍA DUAL EN EL LIDERAZGO Y LA VIDA

"En cada corazón reside el coraje de un león, y cuando se invoca, este coraje no solo confronta, sino que transforma."
— Dr. Mikel Brown

ENCARNANDO LA MAESTRÍA DUAL EN EL LIDERAZGO Y LA VIDA

En el complejo tapiz del liderazgo, la imagen del león y el cordero ofrece profundas percepciones sobre el arte de la influencia y la dinámica del poder. Estas dos criaturas, aparentemente opuestas en la naturaleza, encapsulan la esencia de un líder ideal: poderoso pero gentil, dominante pero sereno. Esta dualidad no solo moldeó el estilo de liderazgo de una de las figuras más trascendentales de la historia, Jesucristo, sino que también sirve como un modelo esencial para el liderazgo moderno, especialmente en el exigente entorno de las salas de juntas empresariales.

El león, majestuoso e inquebrantable, no se acobarda ante la aparente fuerza de otros. Incluso ante aquellos que presumen de un rugido más poderoso, el león se mantiene

CUANDO LOS CORDEROS SE CONVIERTEN EN LEONES

firme, con una confianza inquebrantable. Es una criatura que desafía no solo para dominar, sino como protector de los débiles. En su presencia, la fachada de la fuerza se desmorona, revelando la verdad de que el verdadero poder no radica en la musculatura y la fuerza bruta, sino en el espíritu inquebrantable de aquellos que protegen a los vulnerables. "En cada corazón reside el coraje de un león, y cuando se invoca, este coraje no solo confronta, sino que transforma." El león nos enseña que cuando permanecemos firmes en nuestras convicciones, no solo desafiamos a quienes se alzan sobre nosotros, sino que los guiamos.

Aunque el león lidera con una presencia dominante, asegurando la supervivencia y el éxito de su manada, también sabe que la leona observa su liderazgo y fuerza. En la naturaleza, el rugido del león—un sonido que puede viajar hasta ocho kilómetros—llama la atención, afirma el dominio territorial y comunica poder. En contraste, el cordero representa la inocencia, la gentileza y una presencia calmante, aportando paz y armonía a su entorno.

Jesucristo, en Su ministerio terrenal, encarnó perfectamente estas características contrastantes. Como el león, El demostró un liderazgo autoritario, desafiando el statu quo y confrontando la hipocresía. Su purificación del

ENCARNANDO LA MAESTRÍA DUAL EN EL LIDERAZGO Y LA VIDA

templo, expulsando a los mercaderes que lo profanaban, mostró su ferocidad leonina en defensa de la santidad del culto (Juan 2:13-16). Sin embargo, como el cordero, exhibió una humildad y sumisión inigualables, simbolizadas de manera más conmovedora en su sacrificio en la cruz (Isaías 53:7). Con estas acciones, Jesús ilustró que el liderazgo verdadero implica tanto el coraje para mantenerse firme como la compasión para empatizar y servir.

MAESTRÍA DUAL EN LA SALA DE JUNTAS

En los negocios, especialmente en la dinámica de las juntas directivas, la integración de las características del león y el cordero fomenta un estilo de liderazgo que es tanto respetado como admirado. Un líder, como un león, debe asumir el mando, tomar decisiones difíciles con rapidez y guiar a la empresa a través de terrenos competitivos. Esto requiere una presencia imponente que pueda inspirar a un equipo a la acción y avanzar hacia objetivos estratégicos. Sin embargo, el mismo líder, como un cordero, también debe demostrar inteligencia emocional, comprender la dinámica del equipo y fomentar una cultura de confianza y respeto. Esta dualidad garantiza que las decisiones no solo se tomen con una mente estratégica, sino también con un corazón compasivo.

CUANDO LOS CORDEROS SE CONVIERTEN EN LEONES

Iniciar y dirigir un negocio con la maestría dual del león y el cordero crea una sinergia poderosa. Como un león, un líder empresarial debe lanzarse con precisión y rugir con autoridad, estableciendo visiones claras y tomando decisiones audaces para obtener una ventaja competitiva. Sin embargo, encarnando al cordero, también debe fomentar una cultura de empatía, paciencia y comprensión, cualidades que promueven la cohesión y lealtad del equipo. Este equilibrio fomenta la innovación y la dedicación, esenciales para el éxito a largo plazo.

En el dinámico mundo del emprendimiento, la historia de Sarah y su empresa emergente tecnológica, ilustra vívidamente el equilibrio entre la audacia del león y la ternura del cordero. Sarah, una fundadora decidida, lanzó su empresa con una visión firme, asegurando inversiones y enfrentando la feroz competencia de la industria tecnológica. Sin embargo, fue su empatía la que realmente moldeó la cultura de su empresa.

Sarah recordaba los cumpleaños de cada miembro del equipo, escuchaba atentamente sus inquietudes y fomentaba un entorno donde todos se sentían valorados. Esta combinación de determinación feroz y liderazgo amable no solo llevó a su empresa emergente a alcanzar hitos

ENCARNANDO LA MAESTRÍA DUAL EN EL LIDERAZGO Y LA VIDA

importantes, sino que también cultivó un equipo leal y motivado, listo para innovar y superar desafíos juntos. Esta historia de Sarah ejemplifica que un líder que puede "avanzar con propósito y detenerse con paciencia" no solo construye un negocio exitoso, sino que también crea una comunidad próspera dentro del lugar de trabajo.

ILUSTRANDO EL LIDERAZGO EN LA VIDA

La confluencia de estas características crea un líder equilibrado que puede navegar por las complejidades de las relaciones humanas y los desafíos organizacionales con facilidad. Este líder usa la fuerza para proteger y el asertividad para dirigir, mientras emplea la gentileza y la empatía para conectar y calmar. En momentos de crisis, el coraje del león y la calma del cordero se fusionan, ofreciendo decisiones claras tomadas con firmeza y bondad. Este equilibrio es particularmente efectivo en negociaciones, relaciones laborales y gestión de clientes, donde la capacidad de afirmar una posición sin alienar a los demás es crucial.

Más allá de la sala de juntas, los principios del león y el cordero impregnan todos los aspectos de la vida. En la dinámica familiar, el liderazgo puede requerir los instintos

CUANDO LOS CORDEROS SE CONVIERTEN EN LEONES

protectores del león, mientras que el cultivo de relaciones puede necesitar el enfoque tierno del cordero. En la participación comunitaria, las iniciativas audaces pueden necesitar la iniciativa del león, mientras que la resolución de conflictos puede beneficiarse del cordero como pacificador.

Finalmente, todo lo que he escrito hasta ahora no tendría valor para el lector si se evita la aplicación práctica. Para cultivar estas cualidades, los líderes pueden involucrarse en prácticas reflexivas que fomenten la autoconciencia, como la meditación, la escritura en diarios o sesiones de mentoría enfocadas en el crecimiento personal y las habilidades de liderazgo. La capacitación en resolución de conflictos e inteligencia emocional también puede mejorar la capacidad de alternar entre la asertividad del león y la gentileza del cordero, según lo requiera la situación.

Un creyente, armado con los principios del liderazgo asertivo y la humildad compasiva, puede navegar con eficacia tanto su viaje espiritual como los entornos seculares. Al demostrar estas cualidades con confianza, ejemplifica una perspectiva del reino que integra la fortaleza con la ternura, influyendo en los demás sin comprometer sus valores. Este enfoque no solo defiende la fe sin complejos, sino que también introduce el concepto espiritual de manera sutil y eficaz entre los no creyentes, superando las divisiones e inspirando respeto y curiosidad.

En mi análisis final y a través de palabras de aliento, quiero expresar mis pensamientos y observaciones para que realmente tengan éxito en todos los aspectos de la vida. El arquetipo dual del león y el cordero ofrece un poderoso marco para comprender y desarrollar un liderazgo eficaz. Al abrazar tanto la fuerza del león como la serenidad del cordero, los líderes pueden lograr un equilibrio dinámico que no solo es efectivo para administrar equipos y dirigir empresas, sino también para vivir una vida rica en relaciones y compromiso comunitario. Tal como lo demostró Jesús hace más de dos mil años, los líderes más impactantes son aquellos que pueden ejercer el poder con propósito y practicar la compasión con valentía. En la narrativa siempre cambiante del liderazgo, la síntesis de estas cualidades atemporales continúa inspirando y guiando a quienes aspiran a marcar la diferencia en el mundo que los rodea y dentro de sí mismos.

CAPÍTULO 10

UN ESTUDIO SOBRE LA AUTORIDAD SILENCIOSA Y EL PODER APACIBLE

"En el silencio, el león doma el caos con una autoridad serena e inquebrantable." —Dr. Mikel Brown

UN ESTUDIO SOBRE LA AUTORIDAD SILENCIOSA Y EL PODER APACIBLE

En mi estudio personal sobre los leones y mi observación de estas bestias salvajes, tuve la oportunidad de caminar en el Parque Nacional de Nairobi, Kenia, entre leones. Nos encontramos con siete u ocho leones descansando después de una comida, y para mi sorpresa, ninguno se inmutó ni se sintió intimidado por mi presencia. Ahora bien, de ninguna manera soy un experto, pero soy una persona que ha leído numerosos libros sobre la vida del león. Además, he visto la película El Rey León muchas veces. ¡Ríete!

Mientras observaba a los leones en su hábitat natural, fui testigo de innumerables interacciones que revelan la complejidad de estas majestuosas criaturas. A

CUANDO LOS CORDEROS SE CONVIERTEN EN LEONES

menudo representados como el epítome de la fuerza y la ferocidad, los leones también exhiben una variedad de comportamientos que se alinean estrechamente con cualidades tradicionalmente asociadas con el cordero: la gentileza, la paciencia y un sorprendente grado de moderación.

Uno de los aspectos más llamativos del comportamiento de los leones es su uso del silencio. En la densa maleza de la sabana africana, el silencio del león es una herramienta poderosa. Contrario a la creencia popular, los leones no rugen con frecuencia; reservan sus atronadoras voces para momentos específicos que exigen su dominio vocal. Este uso selectivo del sonido es una lección profunda en liderazgo: el poder a menudo se ejerce de manera más efectiva no con una afirmación constante, sino conociendo el momento adecuado para manifestarlo.

Durante mi visita a Kenia, mientras recorríamos el parque con nuestro guía, presencié un incidente particularmente revelador que involucraba al macho alfa de la manada. Este león era robusto—su melena de un dorado profundo y luminoso que brillaba contra el paisaje. A pesar de su apariencia intimidante, este león a menudo elegía la

UN ESTUDIO SOBRE LA AUTORIDAD SILENCIOSA Y EL PODER APACIBLE

observación y la presencia por encima de la agresión.

El guía me contó una historia sobre una disputa entre los machos jóvenes de la manada. A medida que el conflicto escalaba, el león alfa, se acercó. Se movió con una lentitud deliberada, cada uno de sus pasos medido y sereno. En lugar de lanzarse con los dientes descubiertos, simplemente se interpuso entre los combatientes. Se quedó allí, en silencio, su mera presencia fue suficiente para calmar la creciente agresión. Después de un momento, emitió un único gruñido contenido—no el rugido total de su poder, sino lo suficiente para afirmar su autoridad. Los jóvenes leones, reconociendo la advertencia, cesaron inmediatamente su disputa y se dispersaron.

El comportamiento de este león ejemplifica la cualidad del cordero en su mansedumbre, no como debilidad, sino como fuerza controlada. Los verdaderos líderes, al igual que el león alfa, comprenden que la voz más fuerte no siempre es la más respetada ni la más efectiva. Existe un poder profundo en la paciencia, en la confianza silenciosa que proviene de la certeza en la propia fuerza y autoridad.

Además, el aspecto de crianza en los leones es otro

CUANDO LOS CORDEROS SE CONVIERTEN EN LEONES

rasgo similar al del cordero. Las leonas, y a veces los machos, son increíblemente gentiles con sus crías. He observado a leones acariciar tiernamente a sus pequeños, suavizando su actitud de soberanos a cuidadores. Esta ternura, un marcado contraste con su destreza como cazadores, resalta una cualidad de liderazgo crucial: la capacidad de cuidar.

En la naturaleza, este equilibrio entre ferocidad y amabilidad garantiza la cohesión y supervivencia de la manada. La capacidad de los leones para alternar entre una y otra, desde la ferocidad requerida para abatir un ñu hasta la suavidad necesaria para acicalar a una cría, es verdaderamente asombrosa.

Su curiosidad, especialmente entre los cachorros, también refleja cualidades de cordero. Los cachorros de león exploran constantemente su entorno, aprendiendo y desarrollando habilidades esenciales. Esta curiosidad es clave para su desarrollo como cazadores eficaces y futuros líderes de la manada. Desde una perspectiva zoológica, esta curiosidad es un mecanismo de supervivencia—fomenta la adaptabilidad y la inteligencia, rasgos esenciales para cualquier líder.

En el mundo empresarial o en cualquier escenario de

UN ESTUDIO SOBRE LA AUTORIDAD SILENCIOSA Y EL PODER APACIBLE

liderazgo, estas lecciones del león son directamente aplicables. Como el león alfa, los líderes efectivos saben cuándo hablar y cuándo dejar que su presencia hable por sí misma. Esto me recuerda a mi madre cuando jugábamos en casa cuando éramos niños. Su mirada, su sola presencia, lo decía todo. Los líderes con mentalidad de león equilibran la fuerza con la empatía, comandan respeto a través de una seguridad serena y fomentan una cultura de curiosidad y aprendizaje continuo.

Al aplicar estos principios naturales en los esfuerzos humanos, comprendemos que el liderazgo no se trata de dominación o sometimiento, sino de guiar y proteger a quienes están bajo nuestro cuidado. El león, con su combinación de fiereza y gentileza, sirve como un poderoso emblema para aquellos que aspiran a liderar no solo con fuerza, sino con corazón.

En conclusión, estudiar a los leones en su hábitat natural ofrece más que solo conocimientos sobre el comportamiento animal. Proporciona un modelo para el liderazgo humano que enfatiza el equilibrio entre la fuerza y la gentileza—una dualidad dinámica que puede transformar sociedades e influir en generaciones. El rugido del león puede captar nuestra atención, pero es su silenciosa vigilancia, su acecho paciente y su cuidado afectuoso lo que realmente encapsula su destreza como líder. Estas son las cualidades que hacen del león no solo el rey de la selva, sino un líder para todas las temporadas.

CAPÍTULO 11

LECCIONES PARA LA VIDA, LOS NEGOCIOS Y MÁS ALLÁ

"El león puede ser el rey de la selva, pero incluso los reyes están llamados a servir." —Dr. Mikel Brown

LECCIONES PARA LA VIDA, LOS NEGOCIOS Y MÁS ALLÁ

A lo largo de la historia, los símbolos han sido la base de la comprensión humana, un medio por el cual captamos verdades más grandes. Pero más allá del contexto espiritual, estos símbolos encierran inmensas lecciones prácticas que pueden transformar los negocios, el matrimonio, las finanzas y la vida en general. Para comprender plenamente su impacto, es necesario profundizar en las características de estos símbolos y ver cómo encarnan principios fundamentales para el éxito en todos los ámbitos de la existencia.

La vida nos enseña lecciones a través de símbolos, y algunos de ellos tienen un peso que va mucho más allá de su significado superficial. Entre los más poderosos están el león

CUANDO LOS CORDEROS SE CONVIERTEN EN LEONES

y el cordero. Dios, en su infinita sabiduría, eligió a estos dos animales para representar la plenitud de Jesucristo: Su autoridad y Su humildad, Su fuerza y Su gentileza. Al estudiar solo una fracción de sus características, desbloqueamos verdades profundas que pueden transformar nuestros negocios, matrimonios, finanzas y vidas.

Imagina al león, majestuoso e imponente, caminando por la sabana. No es la criatura más grande de su dominio, pero su presencia exige respeto. Se mueve con propósito, conservando su energía para el momento adecuado, sin desperdiciar esfuerzo en persecuciones innecesarias. Esta es la esencia del liderazgo efectivo: saber dónde dirigir tu enfoque y actuar con intención.

En los negocios, este enfoque puede cambiarlo todo. ¿Cuántas veces nos sentimos abrumados, persiguiendo cada oportunidad sin obtener resultados significativos? El león nos enseña que el éxito requiere disciplina y una visión clara. Cuando enfocamos nuestra energía en lo que realmente importa, comenzamos a liderar con autoridad, ganando respeto no por nuestros recursos, sino por la claridad y confianza con la que avanzamos.

LECCIONES PARA LA VIDA, LOS NEGOCIOS Y MÁS ALLÁ

En el mercado, la autoridad no proviene necesariamente del tamaño o de los recursos iniciales, sino de la confianza y la claridad de visión. El león entiende que no necesita cazar cada oportunidad, sino centrarse en lo que garantizará el crecimiento de su manada. Del mismo modo, las empresas y los individuos prosperan cuando operan con intencionalidad. Muchos emprendedores fracasan no por falta de potencial, sino porque intentan hacerlo todo en lugar de refinar su enfoque. Adoptando la disciplina del león, los líderes pueden dirigir su energía hacia lo que tiene mayor impacto.

Ahora, imagina al león en el contexto del matrimonio. Su fortaleza no radica en la dominación, sino en la protección y la provisión. El león es ferozmente leal a su manada, protegiéndola de amenazas y asegurando su bienestar. En un matrimonio, esta fortaleza es indispensable. Se trata de ser un compañero que ofrece seguridad, no solo financiera, sino también emocional y espiritual. Los matrimonios sólidos se construyen sobre este tipo de compromiso inquebrantable, donde cada pareja se siente segura y valorada.

Pero entonces, está el cordero, una criatura que no

CUANDO LOS CORDEROS SE CONVIERTEN EN LEONES

podría ser más diferente del león. Mientras que el león es audaz y dominante, el cordero es manso y discreto. Su fortaleza radica en su humildad, en su disposición a ser vulnerable. A primera vista, el cordero puede parecer débil, pero es precisamente esa vulnerabilidad la que le otorga un poder profundo. Nos enseña que la verdadera grandeza a menudo proviene de la humildad.

Pensemos en esto en términos de liderazgo. Los líderes que encarnan la humildad del cordero inspiran confianza y lealtad. Escuchan más de lo que hablan, sirven en lugar de exigir y priorizan el bienestar de su equipo por encima de su propio ego. Este tipo de liderazgo transforma organizaciones, no a través del miedo o el control, sino mediante el servicio y la compasión. Cuando las personas se sienten valoradas y escuchadas, florecen, y la organización también.

Mateo 20:25-28 (NTV) dice: "Pero Jesús los llamó y les dijo: «Ustedes saben que los gobernantes de este mundo tratan a su pueblo con prepotencia, y los funcionarios hacen alarde de su autoridad frente a los súbditos. Pero entre ustedes será diferente. El que quiera ser líder entre ustedes deberá ser sirviente, y el que quiera ser el primero entre ustedes deberá convertirse en nuestro servidor. Pues ni siquiera el Hijo del Hombre vino para que le sirvan, sino para servir a otros y para dar su vida en rescate por muchos."

En las relaciones, la lección del cordero sobre el sacrificio es igualmente profunda. El amor, en su esencia, consiste en poner las necesidades del otro por encima de las propias. Esto no significa perderse a uno mismo, sino comprender que, a veces, el mayor regalo que se puede dar es la disposición a ceder y priorizar la unidad sobre los deseos individuales. Cuando el sacrificio se da libremente y con amor, se convierte en una fuente de fortaleza, no de debilidad.

Incluso en las finanzas, el león y el cordero ofrecen una guía sorprendente. Administrar el dinero requiere la audacia del león para tomar riesgos, aprovechar oportunidades y moverse con confianza. Pero también exige la prudencia y la integridad del cordero, evitando atajos, manteniendo la ética y siendo sabios con los recursos. El

CUANDO LOS CORDEROS SE CONVIERTEN EN LEONES

equilibrio entre valentía y prudencia es lo que lleva a una verdadera estabilidad y crecimiento financiero.

La verdad más profunda es que el león y el cordero no son fuerzas opuestas, sino complementarias. Jesucristo encarna ambos, mostrándonos que la fortaleza y la humildad, la autoridad y la gentileza, no son contradicciones, sino dos caras de la misma moneda. Para vivir plenamente, debemos aprender a abrazar ambas.

En tu negocio, puedes necesitar la audacia del león para tomar decisiones difíciles, pero la humildad del cordero para liderar con compasión. En tu matrimonio, puedes recurrir a la fortaleza del león para proteger y proveer, pero la ternura del cordero para fomentar la intimidad y la confianza. En tus finanzas, el coraje del león te ayudará a asumir riesgos calculados, mientras que la disciplina del cordero garantizará que evites la codicia y mantengas la integridad.

Dios escogió al león y al cordero para representar a Jesús como un mensaje divino para la humanidad. El león nos muestra cómo liderar, proteger y actuar con valentía. El cordero nos recuerda que debemos servir, sacrificar y caminar con humildad. Juntos, forman un modelo para vivir una vida de propósito, equilibrio e impacto.

Cuando adoptas la autoridad del león y la humildad del cordero, comienzas a vivir con un nuevo tipo de poder, uno que no es ruidoso ni agresivo, sino constante y duradero. Este equilibrio te permite enfrentar desafíos con valentía y sabiduría, liderar con fortaleza y compasión, y construir relaciones basadas en la confianza y el sacrificio.

El viaje de abrazar tanto al león como al cordero es transformador. Requiere que mires más allá de la superficie, que te adentres en tu propia vida y te preguntes: ¿Dónde necesito más valentía? ¿Dónde necesito más humildad? A medida que respondas estas preguntas, descubrirás que los principios encarnados por el león y el cordero comenzarán a impregnar cada aspecto de tu vida, guiándote hacia una comprensión más profunda de ti mismo y de tu propósito.

En última instancia, el león y el cordero nos muestran que el verdadero éxito —ya sea en los negocios, el matrimonio, las finanzas o la vida— no se trata de elegir un camino sobre el otro. Se trata de abrazar la plenitud de ambos. Cuando lo haces, te alineas con el diseño de Dios, posicionándote para una vida de abundancia, impacto y significado eterno.

CUANDO LOS CORDEROS SE CONVIERTEN EN LEONES

Este es el legado del león y el cordero: un legado que nos invita a vivir con fortaleza, liderar con humildad y transformar nuestro mundo con el equilibrio de ambos. Ahora, sigamos explorando la riqueza del león y el cordero, entretejiéndola en una narrativa inmersiva de transformación, motivación e inspiración.

Al reflexionar sobre el león y el cordero, imagina que estás de pie al borde de una vasta sabana al anochecer. El horizonte está vivo con tonos dorados, y a lo lejos, escuchas el poderoso rugido de un león. Es un llamado que exige atención, un recordatorio de que estás en presencia de la grandeza. Sin embargo, no muy lejos de donde estás, un cordero apacible pasta tranquilo, sin temor. Es una escena de profundo contraste y equilibrio, una que susurra a tu alma sobre la tensión y la armonía que deben existir dentro de ti si deseas prosperar.

Esto no es solo una lección—es una invitación. Una invitación a elevarte por encima de la mediocridad, a entrar en tu propósito dado por Dios con la valentía de un león, mientras permaneces anclado en la humildad de un cordero. La pregunta es, ¿estás listo para abrazar el poder de estas verdades? Porque hacerlo requerirá coraje. Demandará

LECCIONES PARA LA VIDA, LOS NEGOCIOS Y MÁS ALLÁ

introspección y acción, fe y determinación. Pero no te equivoques: también te llevará a una transformación más allá de lo que puedes imaginar.

> "El león puede ser el rey de la selva, pero incluso los reyes están llamados a servir."
> —Dr. Mikel Brown

Piensa por un momento en el rugido del león. No es simplemente ruido; es una declaración de dominio. Cuando el león ruge, reclama su territorio, recordando a todo lo que lo escucha que él manda en ese lugar. ¿Y no es eso lo que la vida nos exige? Levantarnos cada día y declarar dominio—no sobre otros, sino sobre nosotros mismos, nuestros miedos, nuestras dudas y nuestras circunstancias.

La vida no es para los tímidos, y el éxito tampoco lo es. El mercado no te entregará una corona, ni el matrimonio florecerá sin esfuerzo intencional. Las finanzas no crecen por sí solas, y tu propósito no se cumplirá mientras te quedas sentado. Debes rugir. Debes reclamar tu espacio, establecer tus límites y dejarle saber al mundo que estás aquí para marcar la diferencia.

Pero aquí es donde entra el cordero en escena. Un león que ruge sin razón se convierte en un tirano, temido, pero no amado. Y el amor, como nos enseña el cordero, es la moneda definitiva. El cordero susurra lo que el león no puede: que el poder no está solo en el rugido, sino en la ternura que lo sigue. La fuerza y la autoridad sin amor están vacías; el amor sin fuerza es impotente. Juntos, son imparables.

"El sacrificio es la moneda de la grandeza."
—Dr. Mikel Brown

Piensa en eso por un momento. La vida del cordero es una vida de sacrificio. Se entrega libremente, no por debilidad, sino por una comprensión profunda del propósito. Cuando Jesús caminó por la tierra, lo hizo como el Cordero de Dios, entregando voluntariamente su vida por otros. Al hacerlo, nos mostró que las mayores victorias no se ganan con fuerza, sino con entrega.

Esta verdad se aplica a todas las áreas de la vida. En los negocios, puede que se te llame a sacrificar la comodidad a corto plazo por el éxito a largo plazo. En el matrimonio, puede que debas dejar de lado tu orgullo para construir una relación duradera. En tus finanzas, tal vez tengas que sacrificar la gratificación inmediata para crear un legado de riqueza y estabilidad. El sacrificio no se trata de pérdida; se trata de intercambio. Es cambiar lo temporal por lo eterno, lo efímero por lo fundamental.

> "Sé lo suficientemente valiente para rugir, pero lo suficientemente sabio para pastar."
> —Dr. Mikel Brown

El león y el cordero nos enseñan que la vida no es una sola búsqueda, sino una danza entre poder y paz, acción y quietud, ambición y humildad. A medida que navegas tu camino, enfrentarás momentos en los que debes rugir, mantenerte firme y hacerte notar. También encontrarás temporadas en las que pastar, observar y moverte con sabiduría silenciosa será el único camino hacia adelante.

Toma el ejemplo de un emprendedor exitoso. Al principio, puede necesitar el coraje del león para lanzar su negocio, enfrentando riesgos y críticos de frente. Pero a medida que el negocio crece, las cualidades del cordero—dulzura, paciencia y la capacidad de nutrir relaciones—se convierten en la base del éxito sostenido. Rugir en cada etapa alienaría a socios y empleados; pastar por demasiado tiempo resultaría en oportunidades perdidas. El equilibrio de ambos es lo que impulsa la grandeza.

CUANDO LOS CORDEROS SE CONVIERTEN EN LEONES

"Todo león fue alguna vez un cachorro, todo cordero alguna vez estuvo inseguro sobre sus pies." —Dr. Mikel Brown

Puedes sentirte no calificado o poco preparado para encarnar estas cualidades. Es natural. Nadie nace sabiendo cómo liderar con autoridad o cómo amar con sacrificio. Son comportamientos que se aprenden, moldeados por el tiempo, la experiencia y la guía divina. El rugido del león se desarrolla con la práctica; la humildad del cordero se cultiva con la entrega.

Piensa en un momento en que estuviste en tu punto más bajo, sin saber cómo seguir adelante. Ese momento fue tu campo de entrenamiento. Te estaba enseñando a rugir frente a la adversidad y a confiar en la quietud de la entrega. Cada revés, cada dolor, cada fracaso te ha estado refinando, preparándote para este momento—el momento en que entras en tu destino como león y cordero.

"El peso de la corona se aligera con la humildad del corazón." —Dr. Mikel Brown

Cuando realmente abrazas al león y al cordero, comienzas a entender que el liderazgo—ya sea en tu negocio, tu familia o tu comunidad—no se trata de la corona que

LECCIONES PARA LA VIDA, LOS NEGOCIOS Y MÁS ALLÁ

llevas, sino de las personas a las que sirves. El león protege a su manada, no por beneficio propio, sino porque su fuerza está destinada a otros. El cordero se sacrifica, no por obligación, sino porque su amor lo impulsa a dar.

Imagina cómo sería tu vida si vivieras de esta manera. Si abordaras tu carrera con la valentía del león y la humildad del cordero. Si lideraras a tu familia con fuerza y compasión. Si manejaras tus finanzas con valentía y disciplina. El efecto dominó sería inconmensurable. Inspirarías a otros a hacer lo mismo, creando un legado que te sobreviva.

"Ruge cuando sea tiempo de rugir, arrodíllate cuando sea tiempo de arrodillarte." —Dr. Mikel Brown

El tiempo lo es todo. Hay un momento para mantenerse firme y luchar, para reclamar tu lugar y afirmar tu autoridad. Pero también hay un momento para arrodillarse, para humillarse y reconocer que la verdadera fuerza proviene de la entrega. El león te enseña a mantenerte firme; el cordero te recuerda agachar la cabeza. Juntos, te guían a través de las estaciones de la vida con sabiduría y gracia. A veces, hay que retirarse para pelear otro día.

CUANDO LOS CORDEROS SE CONVIERTEN EN LEONES

Imagínate dentro de cinco años, viviendo como león y cordero. Tu negocio está prosperando porque has liderado con valentía e integridad. Tu matrimonio es más fuerte porque has amado con sacrificio y has luchado por la unidad. Tus finanzas están seguras porque has equilibrado la audacia con la sabiduría. Lo más importante: tu alma está en paz porque has caminado en alineación con el diseño de Dios.

Este es el poder del león y el cordero. No es solo una metáfora; es un estilo de vida. Un llamado a elevarse más alto, amar más profundamente y liderar mejor. Vivir con la fortaleza del león y la gracia del cordero es vivir una vida no solo exitosa, sino significativa.

Entonces, ¿qué harás con esta revelación? ¿Entrarás en tu destino, rugiendo cuando sea tiempo de rugir y arrodillándote cuando sea tiempo de arrodillarte? ¿Abrazarás la tensión y la armonía del león y el cordero, permitiendo que transformen cada área de tu vida? La elección es tuya. Pero recuerda esto: el mundo necesita más líderes que rujan con valentía y sirvan con humildad. Necesita más personas como tú, dispuestas a vivir como león y cordero.

LECCIONES PARA LA VIDA, LOS NEGOCIOS Y MÁS ALLÁ

El león ruge. El cordero pasta. Y juntos, cambian el mundo.

CAPÍTULO 12

MI TRANSFORMACIÓN PERSONAL DE CORDERO A LEÓN

"La debilidad del cordero forja la máxima fortaleza del león." —Dr. Mikel Brown

MI TRANSFORMACIÓN PERSONAL DE CORDERO A LEÓN

Hubo un tiempo en mi vida en el que sentía que tenía todas las respuestas, pero en realidad, estaba perdido. Las drogas, la inseguridad y una mala actitud me definían. Vivía con el único propósito de manipular y usar a las personas para conseguir lo que quería, sin importar cómo las afectaba. Mi vida se estaba saliendo de control, y la verdad es que no me importaba, hasta que llegué a un punto en el que todo lo que me sostenía se derrumbó ante mis ojos.

Crecí con la falsa idea de que la fuerza se medía por cuánto podía quitarles a los demás, por cuánto podía imponer mi voluntad, incluso si eso significaba pisotear a

CUANDO LOS CORDEROS SE CONVIERTEN EN LEONES

quienes me rodeaban. La confianza me era un concepto desconocido, y la fe era algo de lo que me burlaba. Yo era mi propio dios, o al menos eso creía. Pero en el fondo, detrás de la arrogancia y la actitud desafiante, había un niño clamando por ayuda, perdido en la oscuridad de sus propias decisiones.

Las drogas se convirtieron en mi escape, un medio para ahogar las inseguridades que devoraban mi alma. Era inseguro sobre mi valor, mis habilidades y mi propósito en la vida. Pensaba que, si podía controlar mi entorno, manipular a las personas y las circunstancias, encontraría el poder y la satisfacción que buscaba. Pero ese poder era efímero, y la satisfacción nunca llegaba. Cuanto más lo perseguía, más vacío me sentía. El ciclo era brutal, y cuanto más profundo caía en él, más desesperanza sentía.

Recuerdo vívidamente el día en que todo se vino abajo. Estaba en el punto más bajo de mi vida, solo en una habitación oscura, entumecido por las drogas, enfurecido con el mundo y disgustado conmigo mismo. Había alejado a las personas más cercanas a mí y ya no tenía suelo firme donde sostenerme. Había tocado fondo. Fue en ese

MI TRANSFORMACIÓN PERSONAL DE CORDERO A LEÓN

momento, cuando ya no me quedaba nada, que algo se despertó dentro de mí. Era pequeño, un susurro, casi imperceptible, pero estaba ahí. Una voz que me decía que este no era el final, que mi vida tenía un propósito más allá del caos que había creado.

Tomó tiempo para que ese susurro se hiciera más fuerte, pero eventualmente se convirtió en algo que ya no podía ignorar. Recuerdo la primera vez que escuché sobre Jesucristo. Al principio no me interesó. Siempre había visto la fe como un bastón para los débiles, para aquellos que no podían afrontar los desafíos de la vida. Pero cuanto más resistía, más me sentía atraído por ese mensaje de gracia, redención y propósito. Tenía curiosidad, pero más que eso, estaba desesperado.

Un día, sin saber por qué, terminé en una iglesia, sin tener idea de qué esperar. Me senté en la última fila, con los brazos cruzados, decidido a mantener mi distancia. Pero las palabras del predicador atravesaron cada muro que había construido alrededor de mi corazón. Habló de Jesús como el Cordero de Dios—humilde, desinteresado, dispuesto a dar su vida por otros. Pero también habló de Jesús como el León de Judá—un Rey poderoso y victorioso que conquista el pecado, la muerte y todo lo que nos oprime. Esa combinación de humildad y poder me golpeó como una tonelada de ladrillos.

Había estado viviendo como un depredador, creyendo que la fuerza se encontraba en cuánto podía dominar, manipular o destruir. Pero Jesús demostró un tipo de fortaleza diferente, una fuerza que se encontraba en la sumisión a la voluntad de Dios, en el sacrificio y en el amor. Me di cuenta de que el león dentro de mí no estaba destinado a devorar, sino a defender, a proteger, a elevar a los demás. En ese momento entendí que el león y el cordero podían coexistir. Ese fue el inicio de mi transformación.

Cuando entregué mi vida a Cristo, comencé a aprender los principios que cambiarían por completo todo lo que creía saber sobre la vida, los negocios y la fe. Lo primero que el Espíritu Santo me enseñó fue el poder de la rendición. Había pasado toda mi vida tratando de controlarlo todo, pero aprendí que la verdadera fortaleza proviene de someterse a la voluntad de Dios. Esto no era debilidad, sino la mayor forma de poder, porque en mi

MI TRANSFORMACIÓN PERSONAL DE CORDERO A LEÓN

rendición, el poder de Dios comenzó a fluir a través de mí.

La fe se convirtió en mi nueva base. La Biblia se convirtió en mi manual de vida, y comencé a entender que el mismo poder que resucitó a Cristo de entre los muertos estaba disponible para mí como creyente. No se trataba de palabras vacías o pensamiento positivo, sino de hablar la Palabra de Dios con fe, sabiendo que Sus promesas son verdaderas y poderosas. En los negocios, empecé a aplicar estos principios. En lugar de manipular y aprovecharme de otros, aprendí el valor de la integridad, el honor y la confianza. A medida que caminaba en fe, Dios bendijo mis esfuerzos de maneras que nunca imaginé.

El dinero, que una vez fue un ídolo en mi vida, dejó de ser la medida de mi éxito. En cambio, aprendí que la verdadera prosperidad viene de alinearse con los propósitos de Dios y confiar en Él como mi fuente. Cuanto más daba, más recibía—no solo en riquezas materiales, sino en paz, gozo y relaciones. Los principios de generosidad, mayordomía y confianza en la provisión de Dios transformaron mi enfoque financiero, y vi Su mano moverse de formas milagrosas.

CUANDO LOS CORDEROS SE CONVIERTEN EN LEONES

Pero quizás la mayor lección que aprendí fue sobre la confianza. Mi antigua confianza estaba basada en la inseguridad, en tratar de demostrarle algo al mundo. Pero ahora, mi confianza estaba arraigada en mi identidad como hijo de Dios. Ya no sentía la necesidad de contraatacar ante cada desafío o ataque. Ya no tenía que defenderme con los puños o con palabras. Tenía la confianza para permanecer firme, sabiendo que la batalla le pertenece al Señor. Sin importar el tamaño del desafío, podía enfrentarlo con paz, porque sabía quién peleaba por mí.

Cuanto más caminaba con Jesús, más me daba cuenta de que el león siempre había estado dentro de mí, pero lo había estado usando mal. Traté de ser el rey de mi propia vida, pero en Cristo encontré mi verdadera identidad como león y cordero. Aprendí a caminar con humildad, pero también con autoridad. Aprendí que la fe no es solo creer en Dios, sino vivir en la plenitud de quien Él me creó para ser. El león que estaba en el Cordero está en todos los que creen en Cristo. No se trata de dominar a los demás, sino de caminar en el poder y propósito que Dios nos ha dado.

MI TRANSFORMACIÓN PERSONAL DE CORDERO A LEÓN

Mi vida es un testimonio de cómo Jesús transforma a los rotos, los perdidos y los descarriados en guerreros para Su reino. A través de Su Espíritu, he aprendido a vivir con propósito, integridad y fe. He aprendido a confiar en la provisión de Dios, a hablar Su Palabra con autoridad y a enfrentar cada desafío con la confianza que proviene de saber quién soy en Él. Así como el león estaba en el Cordero, ese mismo poder está dentro de cada creyente, esperando ser desatado.

Estamos llamados a vivir como ambos: humildes y poderosos, rendidos a Dios y caminando en Su autoridad. Esta es la vida de transformación. Este es el poder de la fe en Jesucristo. Y lo más sorprendente para mí fue que nadie me obligó ni me manipuló para tomar la decisión de aceptar a Jesús como mi Señor; lo hice por mi cuenta. De alguna manera, por primera vez en mi vida, supe que era lo correcto.

Jesús ofrece amor, paz y propósito como nadie más. Te conoce completamente y desea una relación personal contigo. No importa dónde hayas estado o qué hayas hecho,

CUANDO LOS CORDEROS SE CONVIERTEN EN LEONES

Sus brazos están abiertos. Al aceptar a Jesús como tu Salvador, recibes perdón, esperanza y una nueva vida. Simplemente invítalo a tu corazón, habla con Él y confía en Su amor. Él te guiará en cada paso del camino. ¡Soy un testigo viviente!

PRINCIPIOS DE PLATINO

"Aprende a imponer respeto como un león, ofrecer consuelo como un cordero, pero domina ambos para alcanzar el éxito."

"La gracia del Cordero se transforma en el coraje imparable del León."

"La humildad nos arraiga; la valentía nos empodera para reinar como un león."

"La humildad nos sostiene; la audacia nos guía en las batallas más feroces de la vida."

"En la unidad, los corderos se levantan como una fuerza impenetrable de propósito."

"A través de los desafíos se construye la resiliencia; a través de la fe, surge el león."

"El liderazgo audaz requiere acción precisa, sabiduría estratégica y una fe intrépida."

"Es esta fluidez, esta transición armoniosa entre león y cordero, la que transforma a las personas y comunidades."

"En cada corazón reside el coraje de un león, y cuando se invoca, este coraje no solo enfrenta, sino que transforma."

"En el silencio, el león doma el caos con una autoridad serena e inquebrantable

"La debilidad del cordero forja la máxima fortaleza del león."

"El león puede ser el rey de la selva, pero incluso los reyes están llamados a servir."

SOBRE EL AUTOR

Cualquier empresario exitoso sabe que comenzar desde abajo es tan importante para el éxito como tener una visión, y el Dr. Mikel Brown lo sabe muy bien. El Dr. Brown dice: "Todos comienzan desde abajo, y aquellos que comienzan desde arriba son cavadores de zanjas".

El Dr. Mikel Brown ha estado en la industria financiera por más de cuarenta años y ha establecido negocios que van desde restaurantes hasta empresas de contratación de personal. También ha dirigido seminarios financieros y empresariales junto a Mark Víctor Hansen, coautor de la serie Sopa de pollo para el alma, el Dr. Mike Murdock, así como con otros conferencistas nacionales.

El Dr. Brown es un ministro ordenado con más de 40 años de experiencia y es el pastor principal del Christian Joy Center y supervisor de las iglesias ECCM. Es autor de más de 13 libros, entre ellos: Building Wealth from the Ground Up, Unexpected Treasures y Turn On Your Life, Dream Big, Start Small, solo por mencionar algunos.

LIBERA EL PODER PARA HACER
QUE LA VIDA FUNCIONE A TU FAVOR

ENCIENDE TU VIDA

"*Enciende Tu Vida*" es un enfoque realista y práctico sobre cómo convertir tus errores en milagros, tus crisis en avances y tus decepciones en citas divinas con tu destino. No hay nada más emocionante que saber que el lugar en el que te encuentras ahora es parte del proceso para llegar a donde siempre has querido estar.

Aquí tienes siete capítulos que despertarán tu interés:

- Siete Reglas Ordinarias para Resultados Extraordinarios
- Desactivando la Presión y el Estrés
- Contrata y Construye la Vida y el Negocio de Tus Sueños
- No Esperes la Oportunidad de tu Vida
- La Grandeza Está a una Decisión de Distancia
- El Propósito de la Vida se Descubre Ayudando a Otros a Encontrar el Suyo
- Sabiduría para una Vida Mejor

¡ESCANEA PARA OBTENER TU COPIA HOY!

ISBN: 978-1-930388-21-5 (Tapa blanda) Minorista: $14.95
ISBN: 978-1-930388-22-2 (Tapa dura) Minorista: $18.95

Un Lanzamiento Audaz de
Dr. Mikel A. Brown

SOÑAR EN GRANDE
EMPEZAR EN PEQUEÑO

DESPIERTA AL EMPRENDEDOR QUE LLEVAS DENTRO

Se distingue de otros libros de autoayuda para negocios al integrar el papel esencial de la fe y la espiritualidad en el logro del éxito. Esta guía única no solo ofrece un enfoque accesible para iniciar un negocio, sino que también resalta la importancia de confiar en el plan de Dios y reconocer Su mano divina en el camino de cada uno.

¡Aprende cómo encontrar tu pasión, construir una marca alrededor de ella y ganar dinero haciendo lo que te hace feliz!

¡ESCANEA PARA OBTENER TU COPIA
HOY!

¡Conéctate y Mantente Conectado!
Conéctate, Suscríbete y Sigue al Dr. Mikel Brown

@drmikelbrown_ / Facebook: Dr. Mikel Brown / @drmikelbrown / @BishopMikelBrown

www.MikelBrown.com

ISBN: 978-1-930388-33-8

www.ingramcontent.com/pod-product-compliance
Lightning Source LLC
Chambersburg PA
CBHW052102280426
43673CB00084B/436/J